012 OUTDOOR

山登りトラブル

必携

回避&対処マニュアル

日本登山医学会理事　野口いづみ 著

大泉書店

はじめに

「登山を始めたばかりで山登りのことがよくわからない」と、よく耳にします。

初心者にとっては知らないこと、わからないことだらけでしょう。しかし、山の自然は初心者でも容赦なく、厳しい試練を与えてきます。うっかりすると、遭難事故発生という事態になります。実際、遭難事故の件数は毎年、増え続けており、残念なことです。

山の遭難事故は防げるものが大部分です。事前の準備の段階、あるいは、山を歩いているときの配慮で防げるものもあるでしょう。遭難を起こしてしまっても重大な結果を避けるために取れる対応もあります。

私は高校時代から山登りをしており、登山関係の本の執筆や登山教室の講師をしています。その過程で、初心者に教えてあげたいと思うことが蓄積されてきました。

本書は、私が長年の経験に基づいて、山でトラブルに遭遇した場合どうしたらよいかという観点から、初心者にぜひ知ってほしいと思うことを書きました。

第１章では自然災害を扱いました。山では雷など遭遇する機会が多いので注意が必要です。第２章では、初心者に身につけてほしい歩き方、休み方などの基本について書きました。第３章は、バテなどの山で特有の体調トラブルについて記しました。第４章と第５章は、それぞれ関心を持つ人が多いケガと病気について扱いましたが、対処法の多くは私の実際の体験に基づいたものです。第６章は遭難時の実際の行動として、転落や滑落事故の対処、搬送法などについて詳述しました。第７章は有害な動植物として、最近、話題になるマダニなどの知識も含めました。第８章は、登山前の準備について具体的に記しました。山に行く前にはリストを参考に携行品をチェックしてください。コラムでは携帯電話、天気予報Webサイト、GPS、登山とダイエットなど、最新の情報や話題も盛り込みました。

興味のあるどの部分からお読みいただいても、十分に理解できるようになっています。

これらの知識を身につけて、読者の皆様が楽に、山登りが楽しめるようにと願っています。

野口いづみ

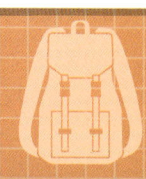

CONTENTS

PART 3　体調トラブル

PART 4　ケガの応急処置

PART 5　山での病気の処置

PART 6　遭難・事故時の行動

PART 7　注意が必要な動植物

PART 8　出発前のトラブル回避

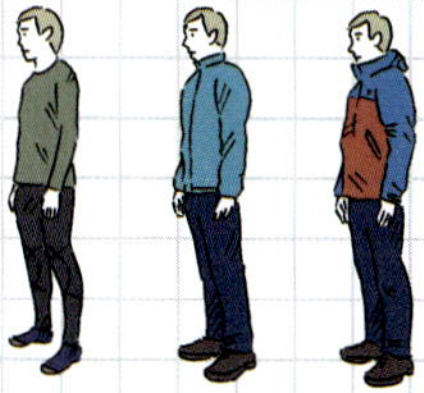

本書の使い方

本書は、山のさまざまなトラブル解決に役立つ対処法と、トラブルを事前に回避するための効果的な予防法を紹介しています。登山の出発前だけでなく、現場で知りたいことを探しやすく、内容を一目で理解できるよう構成しています。持ち運びやすい大きさですので、山へ携行してご活用ください。

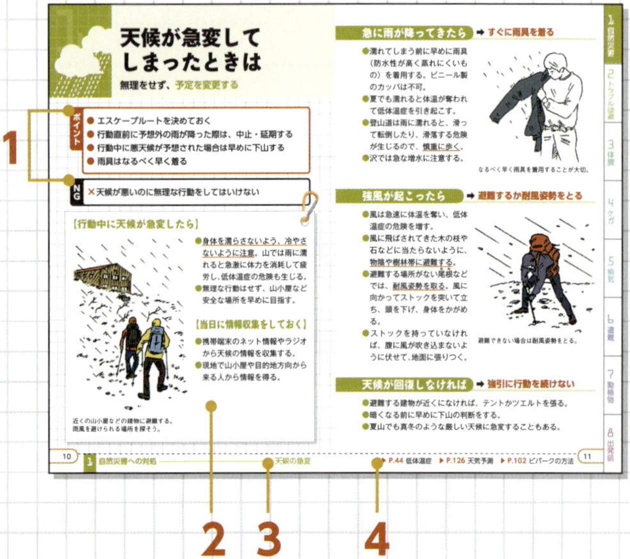

天候が急変してしまったときは

無理をせず、予定を変更する

ポイント
- エスケープルートを決めておく
- 行動直前に予想外の雨が降った際は、中止・延期する
- 行動中に悪天候が予想された場合は早めに下山する
- 雨具はなるべく早く着る

NG
×天候が悪いのに無理な行動をしてはいけない

【行動中に天候が急変したら】
- 身体を濡らさないよう、冷やさないように注意。山では雨に濡れると急激に体力を消耗して疲労し、低体温症の危険も生じる。
- 無理な行動はせず、山小屋など安全な場所を早めに目指す。

近くの山小屋などの建物に避難する。雨風を避けられる場所を探そう。

【当日に情報収集をしておく】
- 携帯端末のネット情報やラジオから天候の情報を収集する。
- 現地で山小屋や目的地方向から来る人から情報を得る。

急に雨が降ってきたら ➡ すぐに雨具を着る
- 濡れてしまう前に早めに雨具（防水性が高く蒸れにくいもの）を着用する。ビニール製のカッパは不可。
- 夏でも濡れると体温が奪われて低体温症を引き起こす。
- 登山道は雨に濡れると、滑って転倒したり、滑落する危険が生じるので、慎重に歩く。
- 沢では急な増水に注意する。

なるべく早く雨具を着用することが大切。

強風が起こったら ➡ 避難するか耐風姿勢をとる
- 風は急速に体温を奪い、低体温症の危険を増す。
- 風に飛ばされてきた木の枝や石などに当たらないように、物陰や樹林帯に避難する。
- 避難する場所がない尾根などでは、耐風姿勢を取る。風に向かってストックを突いて立ち、頭を下げ、身体をかがめる。
- ストックを持っていなければ、腹に風が吹き込まないようにふせて、地面に張りつく。

避難できない場合は耐風姿勢をとる。

天候が回復しなければ ➡ 強引に行動を続けない
- 避難する建物が近くになければ、テントかツエルトを張る。
- 暗くなる前に早めに下山の判断をする。
- 夏山でも真冬のような厳しい天候に急変することもある。

10　1 自然災害への対処　天候の急変

▶P.44 低体温症　▶P.126 天気予測　▶P.102 ビバークの方法　11

1 自然災害　2　3 体調　4 ケガ　5 病気　6 遭難　7 動植物　8 出発前

1 ポイントとNG

項目の要点と注意すべきことが一目でわかる！

2 解説文

箇条書きと目を引くアンダーラインで緊急時でも手早く内容がつかめる！

3 キーワード

項目を一言で示しているので、検索しやすい！

4 参照ページ

関連する項目が見つけやすい！

PART 1

自然災害への対処

CONTENTS

Column

天候が急変してしまったときは

無理をせず、予定を変更する

ポイント

- エスケープルートを決めておく
- 行動直前に予想外の雨が降った際は、中止・延期する
- 行動中に悪天候が予想された場合は早めに下山する
- 雨具はなるべく早く着る

NG

×天候が悪いのに無理な行動をしてはいけない

【行動中に天候が急変したら】

近くの山小屋などの建物に避難する。
雨風を避けられる場所を探そう。

- 身体を濡らさないよう、冷やさないように注意。山では雨に濡れると急激に体力を消耗して疲労し、低体温症の危険も生じる。
- 無理な行動はせず、山小屋など安全な場所を早めに目指す。

【当日に情報収集をしておく】

- 携帯端末のネット情報やラジオから天候の情報を収集する。
- 現地で山小屋や目的地方向から来る人から情報を得る。

急に雨が降ってきたら ➡ すぐに雨具を着る

- 濡れてしまう前に早めに雨具（防水性が高く蒸れにくいもの）を着用する。ビニール製のカッパは不可。
- 夏でも濡れると体温が奪われて低体温症を引き起こす。
- 登山道は雨に濡れると、滑って転倒したり、滑落する危険が生じるので、慎重に歩く。
- 沢では急な増水に注意する。

なるべく早く雨具を着用することが大切。

強風が起こったら ➡ 避難するか耐風姿勢をとる

- 風は急速に体温を奪い、低体温症の危険を増す。
- 風に飛ばされてきた木の枝や石などに当たらないように、物陰や樹林帯に避難する。
- 避難する場所がない尾《お》根《ね》などでは、耐風姿勢を取る。風に向かってストックを突いて立ち、頭を下げ、身体をかがめる。
- ストックを持っていなければ、腹に風が吹き込まないように伏せて、地面に張りつく。

避難できない場合は耐風姿勢をとる。

天候が回復しなければ ➡ 強引に行動を続けない

- 避難する建物が近くになければ、テントかツエルトを張る。
- 暗くなる前に早めに下山の判断をする。
- 夏山でも真冬のような厳しい天候に急変することもある。

▶ P.44 低体温症　▶ P.126 天気予測　▶ P.102 ビバークの方法

落雷から身を守るには

ゴロゴロ聞こえたら危険域

ポイント

- 夏場、蒸し暑く急激に積乱雲が発達する日はとくに注意
- 雷が予想されるときは早めに下山する予定を立てる
- 雷鳴がすれば、いつ落ちても不思議はないと心得る
- 保護範囲に逃げ込む

NG

×雨が降っていても傘をさしてはいけない
×ストック、傘、ポールなどを背負ったままにしない

【危険な場所】

高所の岩場にいたら急いで避難する。

- 山頂、尾根《おね》などの高い所から急いで退避する。
- 岩場も岩伝いに電流が走ることがあるので退避する。
- 鉄製のはしご、鉄柵、テントから離れる。
- 木の幹や枝先４ｍより近くに近づかない。

【避難する場所】

- 近くの山小屋にすぐに避難する。壁面から２ｍ離れる。
- 車の中も比較的安全。
- 乾いたくぼ地、コンクリートの橋の下も比較的安全。

木や送電塔付近に避難するとき ➡「保護範囲」に逃げ込む

- 鉄塔、木の幹や枝などから飛んでくる電流「側撃《そくげき》」を受けないように避難する。
- 木の下に避難するときは、幹や枝先から４ｍ以上離れ、木の頂点を45度以上の角度で見上げる範囲以内の位置で、身体を低く小さくして側撃を避ける。
- ５ｍ以下の木には保護範囲がないので注意。
- 鉄塔からは２ｍ以上離れる。

避難した後は、雷鳴が遠ざかってしばらく経過したら避難解除。

避難時の姿勢 ➡ 姿勢を低くする

- グループの場合は集団にならず、互いに距離をおいて移動する。
- 避難したら、両足をそろえてしゃがみ、指で耳をふさぐ。ストック、傘、ポールは地面に寝かせる。
- 手を地面についたり、伏せたりしない。
- 金属製の物を身体から外さなくてもよい。金属より人間のほうが電流を通しやすい。

メンバーとの距離をあけて移動する。

被雷したとき ➡ 患部と意識の有無を確認

- 患部がはっきりしているときは、流水や濡れタオルで十分に冷やし、包帯などで保護する。
- 意識があっても自力で歩けない場合は救助要請する。
- 意識がないときは、必要に応じて心肺蘇生を行い、救助要請する。

▶ P.94 心肺蘇生法　▶ P.126 天気予測　▶ P.108 救助要請

落石から身を守るには

「落とさない」「当たらない」「知らせる」が原則

ポイント
- 落石の音や気配に気をつける
- 自分で落石を起こさないように注意する
- 危険な場所では間をあけて、足早に通過する

NG
- ×危険性の高い場所で休んだり、ゆっくりしてはいけない
- ×不安定な岩や石に触れたり、踏んだりしない

【危険な場所】

- 崖の下で、落石が堆積したり、たくさん落ちている場所は危険。
- もろい岩場の下、地盤がゆるい斜面の下方も危険。
- 雨の降った後は注意。

落石が起きたら ➡ 避ける、身を守る、知らせる

- 危険な場所で、自分の上を初心者が不安定な足取りで歩いていたら落石に気をつける。
- 自分で落石を起こしてしまったり、発見した場合は、「ラック！」と叫んで、下の人に危険を知らせる。
- 落石があったら、物陰に隠れる。
- 隠れられない場合は落石の方向を見定めて避ける。できればザックを頭にのせて、頭を守る。

▶ P.28 岩場・ガレ場

火山ガスから身を守るには

単独で救助に向かわないこと

ポイント

- 火山近くのくぼ地にはガスが滞留しやすい
- 事前に地元の役場、気象庁の情報などを調べておく
- 巻き込まれたら濡らしたタオルで口を覆い風上に避難

NG

×倒れた人がいても単独で救助に向かわない！

【危険な場所】

- 刺激臭が漂う場所は注意。
- 石に硫黄が付着し、植物が枯れて荒涼とした場所は避ける。

救助は複数で行う ➡ 補助者は安全な場所でロープ操作

- 救助は最低２人一組。救助に向かう人にロープを結ぶ。もし救助者も具合が悪くなれば、素早く補助者がロープを手繰り寄せて二重遭難から救うようにする。

手に負えないと思ったらすぐに警察に連絡をして救助を求める。

救助したら ➡ 応急処置後、即搬送

- 意識がなければ心肺蘇生をする。
- 負傷者が火山ガスを吸っている場合は、人工呼吸を行わない。
- 救出後、可能な限り早く医療機関へ搬送する。

▶ P.108 救助要請　▶ P.94 心肺蘇生法

Column

山登りのための天気予報Webサイト

山の天気予報を知るときに便利なサイトには次のものがあります。

●気象庁のHP（PC）

週間天気予報と前日の天気予報をチェックするのに便利です。天気予報、週間天気予報の他、天気図、衛星画像、レーダー画像など各種データが充実しています。

http://www.jma.go.jp/jma/

●ウェザーニュース（PC・携帯電話など）

現地で天気予報をチェックするのに重宝します。民間気象会社が提供するサイトで、携帯電話からもアクセスできます。天気予報、各地のライブカメラ、実況天気、レーダー画像、山岳情報が入手できます。住所を入力すればピンポイントの天気予報が手に入ります。

http://weathernews.jp/livecam/

●メテオテック・ラボ「山の天気予報」

（PC・携帯電話など・メール）

ヤマテンとして知られる民間有料サイトで、全国18山域59山の天気予報を毎日配信し、警戒すべき気象情報の解説も行っています。アドバイスは慎重、具体的で、登山者の間で信頼を得ています。現地でメール情報ももらえます。

http://i.yamatenki.co.jp/

▶P.10 天候の急変　▶P.12 落雷　▶P.126 天気予測

PART 2

山登りのトラブル回避

CONTENTS

Column

登山前後に効果的なストレッチは

身体をやわらかくし、ケガを防止、疲労を回復

ポイント

- 登山前後と休憩時のストレッチが効果的
- 脚と下半身のストレッチを入念に行う
- ストレッチをしないで登山するとケガをしやすく、足がつったり、疲れたりしやすくなる

❶ふくらはぎとアキレス腱を伸ばす

後ろ足のかかとを地面につけることを意識する。

❷股関節と太ももの前後を伸ばす

両脚を前後に大きく開いて、手で腰を前に押し出す。

❺身体の側面、肩周り、腰回りの筋肉を伸ばす

背伸びしてから、身体を側面に曲げる。このポーズのまま肩を回すと肩周りの、腰を回すと腰回りの筋肉を伸ばす。

❻手首、足首の関節をやわらかくする

最後に左右に手首と足首をぐるぐる回す。

ストックを使ったストレッチ

ストックを使うと、普段伸ばしていない部分の筋肉を伸ばすことができる。

❸太ももの内側、股関節、肩周り、背中の筋肉を伸ばす

相撲《すもう》の「しこ」の形で肩を内側に入れ、左右の膝を外に押し出すようにする。

❹太ももの前の筋肉を伸ばす

片方の足の甲を持って後ろに折り曲げる。膝の間は開け過ぎないようにする。

出発の前と下山後に必ずしたいポーズ！

【ストレッチのやり方】

- 気持ちいいと感じる範囲で行うことが大切。痛みを感じる手前でやめる。
- はずみや反動をつけず、静かに無理なく伸ばして、10 ～ 30 秒程度、そのポーズをキープ。
- 息は止めないこと。
- 自分なりに工夫して、気持ちのよいポーズをプラスしよう。
- ラジオ体操を行ってから左の 6 つのストレッチを加えてもよい。

＊黄色の線は伸ばす筋肉。伸ばす筋肉を意識してストレッチする。

▶ P.22 休み方

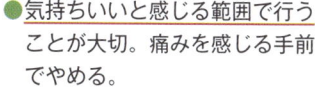

効率のよい歩き方は

まっすぐに立ち小股で歩く

ポイント

- 姿勢よく、一定のペースで歩く
- 歩幅は小さく小股で。急な登りでは一層小幅にする
- 膝はバネを使って軽く曲げ伸ばす

NG

×一息にバタバタ歩いて、息が切れて休むような歩き方はよくない

ペース配分 ➡ 歩き始めはゆっくり

- 歩き始めはウォーミングアップなので、ゆっくり歩く。
- 一定のペースで歩くと疲れにくい。
- 最初の15分位で一度休んで、上着を脱ぐなどして、衣類の調節をする。
- 一度目の休憩の後は、25分で5分、50分で10分程度のペースで休む。

グループでの歩き方 ➡ 足の遅い人をラストにしない

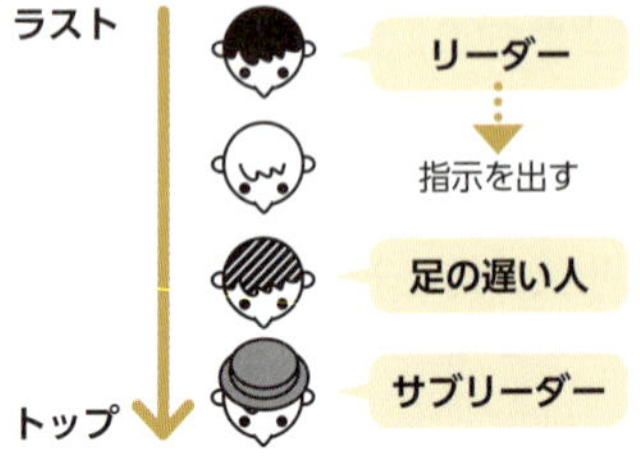

リーダーは足の遅い人の体調などを見て指示を出す。

- トップ（先頭）はサブリーダーかベテランが務め、足の遅い人を2番目にする。
- ラスト（最後尾）はリーダーかベテランが務める。全体の様子やペースを観察して、適宜、トップやグループに指示を出す。

【歩き方と姿勢】

GOOD

◎上半身を立てて姿勢をよくする。「地球に対してまっすぐに」なるように。
◎視線は足元とともに2～3m先を見ることを心がける。
◎歩幅は小さく小股にする。
◎急な登りでは一層歩幅を小さくする。
◎膝はバネを使って、軽く曲げ伸ばしすることを意識する。
◎体重移動しながら、足の裏を静かに置いていくようにして、重心が大きく揺れないようにする。猫のようにしのびやかに歩く。

BAD

×前かがみになると胸が十分開かず、呼吸が不十分になる。
×大股で歩いてはいけない。
×バタバタ歩いて、ゼーゼーと息が切れてから休む歩き方は疲れやすい。

▶ P.26 下り坂

効果的な休み方は

疲れてしまう前に休む

ポイント

- 一定のインターバルで休み、歩き続けるとリズムができる
- ひどく疲れてしまう前に休み、疲れが取れてから出発する
- 斜度がゆるんだり、景色のよい場所などでも休む

NG

× 身体や脚を冷やさないように注意
× 他の登山者の通行のさまたげにならないように休む

【休むタイミング】

①疲れにくいリズムを作る！

インターバルを一定にする
25分歩く→5分休憩
50分歩く→10分休憩　など

②休みに適した場所で

傾斜がゆるやかになる場所

③山を楽しめる場所で

景色のよい場所

④無理をしないのが大切

疲れを感じたとき

- 一定のインターバルで休み、歩き続けるとリズムができる。
- 時間だけを目安にするのではなく、傾斜がゆるやかになる場所、景色のよい場所などでも休む。
- 長い時間休み過ぎたり、頻繁に休み過ぎると、リズムができにくく、疲れやすくなる。
- ひどく疲れてしまう前に休むこと。疲れが取れてから出発する。
- 休んだ直後はゆっくり歩き始める。

休むときの過ごし方 ➡ 脚を冷やさない

- 休むときは膝を立てるか、岩や木などに座る。
- 脚を地面に投げ出すと、脚が冷えてしまい、つりやすくなる。
- 衣類を調節する。休むときに寒ければ1枚羽織って、歩き始めに脱ぐ。
- 水分と行動食を摂る。
- ストレッチをして疲れを軽減させる。
- 写真を撮ったり、スケッチをして楽しむ。
- 必要に応じてトイレを済ます。
- あまり疲れていない場合は、立ち休みでもよい。

休んでいるときにチェックすること ➡ 装備の確認

歩きづらさによる疲れや、転倒などにつながるので、よくチェックする。

□**ザックに不都合なところがないか**

背負いベルトが長過ぎないか、左右で違いがないか見て調節する。

□**靴が当たって痛いところがないか**

痛いところがあれば早めにテーピングやばんそうこうで手当てする。

□**靴紐《くつひも》にゆるみなどがないか**

ゆるみがあれば締める。とくに下山時はきつめにしばる。

周りへの配慮 ➡ グループや他の登山者のことを考える

- グループ全員の準備が整うことを確認してから、声をかけて出発する。
- 他の登山者の通行のさまたげにならないように、ザックやストックを登山道に置かない。自分も邪魔にならないように休む。

▶P.36 水分補給　▶P.38 行動食　▶P.130 山のトイレ

山を軽快に歩くための ザックの背負い方・詰め方は

前日までにパッキングしておく

ポイント

- 軽い物を下に、重い物を上にするのが基本
- 雨ぶたには休憩時に取り出すドリンクや行動食を入れる
- 背負い具合を確かめておく

NG

×不必要な物まで詰め込み、ザックを重くしない

【ザックの背負い方】

- 軽いザックでも中腰になって静かに背負う。
- ザックを振り回すように背負うと、腰を痛めることがある。

【ザックが重い場合】

- ザックが重い場合、不用意に背負うとぎっくり腰を起こすので注意。
- 寒いときも、背負い方が乱暴だと腰痛を起こすことがある。

重いザックの背負い方

片膝になってザックを太ももに載せ、ショルダーベルトに肩を深く差し込み、ザックを背中に載せるようにして背負うとよい。

【パッキングの基本】

- 使いやすさを考えて詰める。
- 前日までに準備をそろえ、パッキングをしておく。
- 基本は軽い物が下、重い物が上だが、使用頻度の高い物、上着なども上に詰める。
- グッズの定位置は決めておく。忘れ物をしにくいし、出し入れがスムーズになる。
- 持ち物はなるべく必要最低限にする。余分な食べ物や衣類など不必要な物までザックに詰め込むと、重くなるし、いざというときに出し入れに混乱して必要な物が見つからないことになる。

グッズによる詰め方

- 固く、背中に当たりそうな物は外側に詰める。
- 休憩時に取り出すドリンクや行動食は、雨ぶたのポケットに入れる。
- ストックや傘はサイドポケットに差す。

背負い具合

- 最後に、背負い具合を確かめる。背中に当たって痛い場所がないか、左右のバランスなどをチェック。
- 当日入れるポットの水分などで重さが変わるので、あらかじめ考慮する。

▶ P.134 装備　▶ P.136 携行医薬品

下り坂を安全に進むには

へっぴり腰にならないように注意する

ポイント

- まっすぐに立って、小股で下る
- 障害物の避け方、滑らずに歩ける方法を考えて歩く
- 谷側への滑落と、上からの落石に注意する

NG

×へっぴり腰になってはいけない

【下り坂の安全な姿勢】

- 登りと同様に、まっすぐに立つ。こわいからと腰がひけてへっぴり腰になると滑りやすくなる。
- ストックを使うとバランスがよくなり、膝と腰への負担も軽減する。
- ストックを使う場合、自分の身体より前にストックを突く。
- 膝を突っ張って歩くと膝を痛めやすい。膝をやわらかく使う。

×

腰がひけていて危険な歩き方。

○

ストックを使うとより安定する。

下り方のコツ ➡ 視界を広くもって歩く

- 足元をしっかり見る。木の根や石、落ち葉などでつまずいたり、滑らないように注意する。
- 4～5ｍほど先も見て、障害物の避け方や滑らずに歩ける方法を考えて歩く。
- 一歩ずつ安全を確かめながら慎重に下りる。
- 段差が小さいルートを選び、小股で下る。

状況に応じた下り方 ➡ 補助ロープに頼り過ぎない

- 必要に応じて体勢を低くし、木の幹や根などをつかみながら下りる。
- 整備されたルートでしっかりしたロープがあれば利用するが、頼り過ぎないように注意。
- 濡れた急な下りでは、身体と足を斜面に対して横向きにして、カニ歩きのようにして歩く。
- 転んだら、両手を後ろについて尻もちを突くような姿勢を取る。前や左右へ転倒すると滑落の危険がある。

ロープの利用も有効。ただし老朽化のおそれもあるので頼り過ぎない。

トラバースをするときは ➡ 山腹を巻くように歩く

- トラバースは、山の斜面を横切って進むこと。
- 谷側（下方）への滑落《かつらく》と、山側（上方）からの落石に注意。
- 道が狭い場合があるので、足先が正面と谷側などバラバラに向かないように、正面を向いて慎重に歩く。

滑落と落石に注意する。

▶ P.20 歩き方

岩場とガレ場の危険箇所を安全に進むには

三点確保の歩行技術で対処する

ポイント

- 岩場の危険箇所は「三点確保」を基本とする
- ガレ場では岩のペンキ印やケルン（石塚）を見落とさない

NG

×岩場では岩にへばりつかないこと
×ガレ場では不安定な石（浮き石）に注意！

岩場……岩がむき出しになっている場所
ガレ場…崩落した石がゴロゴロ堆積している場所で、よく踏まれた樹林帯の登山道より難所

【岩場】対処法

状況	傾斜がゆるい岩場	傾斜がきつい岩場
対処	手を使わずに歩く	「三点確保」で進む

- 傾斜のゆるい岩場は手を使わずにバランスよく歩く。
- 傾斜のきつい岩場は「三点確保」して通過する。
- 岩にへばりつかないこと。へばりつくと滑りやすくなるし、視界がせばまってしまい、危険。
- 両手で少し岩を押すようにして身体を岩から離すようにする。身体が安定し、ルートも見やすくなる。
- 補助のクサリがある場所ではクサリに頼りきらずに手を添える程度にして、「三点確保」を基本とする。また、１人ずつ通過する。

三点確保の方法 ➡ 4点のうち1点を動かす

● 両手両足4点のうちの3点で身体を安全な姿勢に確保して、残りの1点を動かして次の手がかりや足場に移動する方法。
● 腕は伸ばしきらずに、視線の高さか、それより少し上の手がかりを探してとらえる。
● 足場をしっかり確保し、主に脚力で身体を引き上げる。
● 靴底はなるべく水平にする。
● 手がかりにする岩は手で少し揺らし、足場にする岩は軽く足を乗せて、安定を確かめる。

ガレ場の進み方 ➡ ルートを見失わないように注意

● ルートが判然としない場所がある。濃霧、荒天時にはとくに注意。
● 岩のペンキ印やケルン（石塚）を見落とさないようにする。
● 不安定な石（浮き石）を踏むとバランスを失いやすい。一気に重心を移動させずに、岩の安定を確かめながら歩く。
● 落石に注意するとともに、自分でも落石を起こさないように注意する。
● ガレ場ではなるべく休まず、物を取り出さないようにする。岩石が重なり合っているので、物を落とすと拾えない場合がある。

○

×

▶ P.14 落石

雪面を安全に歩くには～残雪・雪渓の歩き方～

雪面はけり込んで歩く

ポイント

- サングラスやゴーグルをつける
- まっすぐに立ち、歩幅を小さくして、足裏全体で着地するようにする
- 登下降はキックステップをする

NG

×滑りやすくてこわいからと大股で急いで通過しようとしてはいけない

【雪面でのトラブル】

ケガ

雪目・雪盲

- **症状**：・目が雪面の強い紫外線にさらされてダメージを受けてしまった状態で、痛みや涙が出る。
- **対処**：・暗い場所で安静にして、目の周りを冷やす。
- **予防**：・サングラスで予防。普通のメガネでもかなりの紫外線を遮断できる。

転倒

・雪面は滑りやすい。急いで大股で歩くと危険。

道迷い

ホワイトアウト

・雪が激しかったり、霧がひどい場合に、周囲が真っ白になり、視界がなくなること。

転ばない雪面の歩き方 ➡ キックステップが有効

- おそるおそる歩かずに、まっすぐに立って、足裏全体で着地するようにする。
- ストックを使ってバランスを取る。
- 長い雪面や傾斜のある雪面を歩く場合は、あらかじめ簡易アイゼンを装着しておく。
- 気温が上がって、表面がやわらかくなった雪は、表面がカリカリに凍った雪よりも滑りにくく、歩きやすい(このような雪を“雪が腐《くさ》る”という)。
- 残雪や雪渓を登下降する場合、キックステップを行う。

キックステップ

登り

登山靴のつま先で雪の斜面をけり込み、安定して足を置ける足場を作る。一度で不十分な場合は、2～3回けり込む。

下り

登山靴のかかとを雪面にめり込ませて、足場を作る。かかとをこすりつけるようにしてもよい。

ホワイトアウトに要注意 ➡ 視界ゼロでもあわてない

- まっすぐに歩いているつもりで、一周して元の場所に戻ってしまうことも起こる（リングワンデリング）。防ぐためにはコンパスやGPSを使うこと。
- 不安なときはビバークしてでも視界がよくなるのを待つ。

▶ P.102 ビバークの方法

沢・川でおぼれた人を見つけたら

助けを求め、岸から救助できる方法を考える

ポイント

- 救出にはロープやペットボトルを岸から投げるとよい
- 救出後に呼吸がなければ心肺蘇生法を行う

NG

- ×おぼれている人に水中から近づいてはいけない
- ×１人で救出に向かわない

【おぼれた人を発見したら】

×

○

注意点

- 大声で周囲に助けを求め、人手を集める。
- おぼれた人から目を離さない。
- 自分の安全を確保し、岸から救助できる方法を考える。
- 救助者が水中から不用意に近づくと、しがみつかれてしまい危険。

救助方法

- ロープを持っていれば投げる。
- Ｔシャツなどの衣類をねじって紐《ひも》状にしたものを投げてもよい。
- 中に少し水を入れた１ℓ以上のペットボトルなどの浮力のあるものに紐をつけ、浮き輪代わりに投げる。

救出後の対処法 ➡ 意識、呼吸があるか確認

意識がある

- 低体温症に対する処置を行う。衣類を着替えさせ、ツエルト（簡易テント）で身体をくるみ、温かい飲み物を飲ませる。

意識がない

- 横を向かせて、口から液体が流れ出るようにする。
- 腹がふくらんでいたら、横向きにして、腹を圧迫して水とガスを出す。
- 嘔吐物が肺へ流れ込むのを防ぐため、仰向けにしない。

呼吸がない

1. 人工呼吸をする。呼吸が吹き込めない場合は気道に異物や水分が詰まっている場合がある。嘔吐に注意しながら腹部圧迫をする。
2. 手足を動かしたり、咳をしたり、呼吸が出てきたら、心臓は動いていると考えられる。
3. 人工呼吸をしても体動や咳がない場合は心停止していると考えられるので、心肺蘇生法を行う。

- 回復後は入院させる。肺から水分が吸収されていると不整脈や肺炎を起こす場合がある。

自分が流されたら ➡ あわてないで状況判断する

- 冷静になれば、足が川底につく場合も多い。
- 周囲の人に手を振って合図をして助けを求める。
- 流された場合は視線と足を下流に向け、岩などに衝突しないようにする。
- 手で水をかいてなるべく岸へ近づき、草木をつかむ。

視線と足は下流に向ける。

▶ P.44 低体温症　▶ P.94 心肺蘇生法

Column

山登りとマナー

世の中にマナーがあるように、山歩きにもマナーがあります。

すれ違うときは、原則として登り優先です。また、後続の登山者に追いつかれた場合は、道を譲ります。すれ違うときも、道を譲るときも、足場のよい場所で行いましょう。先に行かせてもらう場合は、お礼の言葉を忘れずに。ただし、大人数のグループと少人数のグループがすれ違うときは、登りと下りに関係なく、大人数のグループが道を譲るようにします。

山では人に会ったときに、「こんにちは」と挨拶を交わしますが、人の多いコースや、集団とすれ違うときなどは、お互いに煩わしい場合があります。そのあたりも臨機応変に判断しましょう。

山の自然へダメージを与えないように配慮することも大切です。ストックの先端はゴムキャップをしましょう。登山道以外の所を歩いたり、踏み込んだりしないように注意してください。花や枝をキレイだからと、切ったり折ったりするのはご法度です。山で出したゴミは残さずに持ち帰りましょう。山では、「とっていいのは写真だけ、残していいのは足跡だけ」と、心得てください。

また、ラジオなどをかけながら歩く人がいますが、山の静寂を乱してしまい、他の登山者の迷惑になります。クマよけのつもりでしたら、クマよけ鈴をつけましょう。

▶ P.130 山のトイレ

PART 3
体調トラブル

CONTENTS

3 脱水を防ぐ水分の摂り方は

脱水は病気遭難のイエローカード

ポイント

- 登山では脱水しやすいので、十分な水分を補給する
- 脱水はバテ、便秘、熱中症、高山病、心筋梗塞などの原因になる
- 下痢と嘔吐などの体調不良は脱水につながる

NG

× 酒は水分の補充にならず、反対に脱水をまねいてしまうので注意

【登山と脱水】

- 登山では汗をかき、呼吸が増えるので、脱水量が多くなる。
- のどの渇きを感じた分だけ飲むのでは、不足してしまうことが多い。
- 個人差、季節、天候などの影響も大きいので、こまめにしっかり水分を摂る。
- 男性のほうが女性より発汗量が多く、脱水しやすい。
- 脱水はバテ、便秘、熱中症、高山病、心筋梗塞などの原因になる。

脱水量の目安計算法

体重 (kg)

×

登山時間 (h)

×

5mℓ

=

脱水量（mℓ）

・少なくとも体重の１％の脱水量に抑える。

脱水の予防法 ➡ 体重の２％以下の脱水に留める

- 脱水は体重の 2%までは問題がないとされる。
- 最低でも 500mℓ ペットボトルを２本持つ。
- 脱水分を山中ですべてを補充するのは難しいので、下山後に取り戻す。

水分補給の例

たとえば、体重 60kg の人が６時間の登山をすると脱水量は 1800mℓ になる。体重の 2%は 1200g なので、最低でも 600mℓ の水分を摂る必要がある。安全域を考えて脱水量を体重の 1%までにすると、1200mℓ は水分が必要。

水分減少率（体重に占める割合）と脱水症状

水分減少率	症状
3％	のどの渇き 食欲不振
4％	皮膚の紅潮 疲労困ぱい
5％	頭痛 熱にうだる感じ
6～7％	めまい 呼吸困難
20％以上	無尿 死亡

どんなドリンクがよい？ ➡ 電解質入りのものを中心に

- 汗によって電解質（ナトリウム、カリウムなどの塩分やミネラル）が失われるので、電解質入りのスポーツドリンクなどがよい。市販品は少し濃いので薄めるとよい。
- アミノ酸入りスポーツドリンクや酸素水なども疲労回復が期待できる。
- 粉末のものは携行に便利で、自分に合った好みの濃度のドリンクを作れる。

さまざまなドリンク・粉末

電解質入り、アミノ酸入り、……など自分に合うものを選べる。

▶ P.42 熱中症　▶ P.48 バテ　▶ P.50 高山病　▶ P.82 お腹の異変

食事はどのように摂るべきか

「シャリバテ」を避けて**糖分**を摂る

ポイント

- 「シャリバテ」（食べ物が不足してバテること）に注意
- 糖質（炭水化物）は分解が容易で、素早くエネルギーになる
- 休憩時の行動食に飴かチョコレートなどをこまめに摂る

NG

×脂質とタンパク質は消化に時間がかかるので、摂り過ぎてはいけない

【食事でバテを防ぐ】

バテないように昼食や行動食を摂ろう。

- 食べ物が不足するとバテてしまう（シャリバテ）。
- 糖質（炭水化物）は、素早く熱源（活動のためのエネルギー）になるのでメインに摂る。
- 昼食を一気に大量に食べると、だるくなるので、複数に分けて摂る。
- 昼食にはおむすびやパンがよい。パンはバター、マヨネーズ、コンデンスミルクなどを塗ると腹もちがよくなる。
- 数日間の山行には、水か湯を入れると食べられるアルファ米が便利。

シャリバテの予防法 ➡ 行動食もこまめに摂る

- 昼食とともに行動食も持って、休憩時などにこまめに口に入れる。
- 行動食には、飴かチョコレートなどがよい。
- 水分の多いものが食べやすい。たとえば、クッキーよりもお煎餅。濡れ煎餅はのどの通りがよく、塩分も補給できる。

重宝する携行食 ➡ 栄養食品、ゼリー、乾燥果実

- スティック状の栄養バランス食品は軽くて、高カロリー。行動食と非常食によい。
- ゼリー飲料はゆっくり食事ができないときや、バテているときにも摂りやすい。
- 乾燥果実は軽量で高カロリー。行動食によい。

さまざまな携行食

乾燥果実やゼリー飲料、スティック状のバランス食品は、いざというときの非常食にも使える。

登山中は炭水化物を多く摂ろう

脂肪は体内備蓄量が多く、数十日分のストックがある。しかし、脂肪を燃やすためには炭水化物を使う。炭水化物は備蓄量がわずかしかなく、運動開始 1.5 時間程度で枯渇してしまう。炭水化物は脳のエネルギー源でもあり、登山中は炭水化物を十分に摂るようにする。

▶ P.48 バテ

山での日焼けで気をつけることは

日焼け止めクリームをこまめに塗る

ポイント

- 山は日差しが強く、日焼けしやすい
- くもりの日も雨の日も日焼けの注意が必要
- 帽子や長そでのシャツは日焼け防止の必需品

NG

×肌を不用意に露出させてはいけない

【山では日焼けしやすい】

- 日焼けは、紫外線で皮膚が赤く炎症を起こすこと。
- 山は日差しが強く、紫外線は高度にしたがって増加し、1000m ごとに 10 ～ 12%増加する。雪や岩からの照り返しも強烈。雪目・雪盲（→ P.30）にも注意する。
- 紫外線の UVA（長波長紫外線）と UVB（中波長紫外線）が日焼けを起こす。

【天気が悪くても紫外線は強い】

- UVB はくもりの日は 5 ～ 8 割、雨の日は 2 ～ 3 割になるが、UVA は 9 割程度にしかならない。

日焼けは紫外線が原因

日焼け

↓

紫外線が皮膚の炎症を起こす

→ **UVB**
- さらされた直後に皮膚に炎症を起こし、赤く日焼けさせる。

→ **UVA**
- しばらくあとになって皮膚を浅黒く変色させ、シワ、タルミの原因になる。

日焼けの対処法 ➡ 冷やしてから軟膏を塗る

手順

①タオルなどを水で濡らして冷やす。化粧水で保湿も有効。
②炎症がおさまってから軟膏《なんこう》などを塗る。
●ひどい場合は皮膚科を受診。

日焼けの予防法 ➡ 日焼け止めクリームをこまめに塗る

●ツバの広い帽子をかぶり、サングラスをかけ、長そでシャツを着るかアームカバーを使う。首筋をスカーフや襟付きシャツでカバーする。
●汗で日焼け止めクリームはすぐ流れてしまう。強いクリームを使うよりも、2時間おき程度に、こまめに塗ることが重要。
●唇には専用リップクリームを使う。塗り忘れが多いので注意。

日焼け止めはこまめに塗ろう。

日焼け止めクリームの選び方

●ボトルなどに表示してある「SPF」はUVBをカットする強さ、「PA」はUVAをカットする強さの数値のこと。ただし、いずれも数値が大きくなると肌への負担が大きい。
●「SPF」は30以上で効果は横ばいになる。登山では30以上を使うとよい。
●「PA」は＋《プラス》の数が多いほど効果が強い。登山では＋＋以上を使うとよい。

ボトルなどの数値表示を見て選ぼう。

紫外線は身体を疲労させる ➡ サプリメントを摂る

●紫外線は活性酸素を体内に発生させ、身体を疲労させる。
●サプリメントとして、抗酸化物質のビタミンA·C·Eやポリフェノールを摂るとよい。

▶P.30 雪目・雪盲　▶P.126 天気予測　▶P.136 携行医薬品

熱中症にならないようにするには

ひどい体温上昇があったら疑う

ポイント

- 軽症の段階での早期発見と対処が重要
- 軽い熱疲労、熱ケイレンは水分や塩分が不足して起こる
- 夏山では水分と塩分を十分に摂り、しっかり休む

NG

×熱中症を甘く見てはいけない。死亡に至る場合があるので注意！

【熱中症の種類】

- 熱中症は、夏の炎天下の尾《お》根《ね》や多湿の低山で多い。
- 熱中症には軽い熱失神、熱ケイレン、中等症の熱疲労、重症な熱射病がある。

熱失神	・暑さで脱水して気分が悪くなった状態。めまい、頭痛、吐き気などを起こす。 ・涼しい所で横になり、水分を摂れば治ることが多い。
熱ケイレン	・大量に汗をかいて脱水し、塩分が不足して、筋肉のケイレンを生じるもの。 ・マッサージをして、水分と塩分を摂る。 ・温かいみそ汁もよい。
熱疲労	・熱失神の症状が強い状態。大量に発汗し、脈が速くなる。 ・下山して医療機関の治療が必要。
熱射病	・重症になってしまった状態。身体がほてり、呼吸が荒くなる。 ・意識障害を起こし、多臓器不全から死亡する場合がある。救急搬送が必要。

熱中症の対処法 ➡ 軽症段階での早期発見と対処が重要

- 日陰の風通しのよい場所で、衣類をゆるめて楽にさせる。
- 下肢を挙げて休ませ、あおいで風を送る。
- 額《ひたい》やわきの下、首などに濡れタオルを当てて冷やす。
- 飲める場合には水分と食塩を摂らせる。
- 温かいみそ汁を飲ませる。
- 症状が重く、30 分以上回復しない場合、意識障害がある場合には救助を要請。

熱中症は涼しい場所で安静にさせる

下肢を挙げて寝かせ、こもった熱の放出を促す。

熱中症の予防法 ➡ 暑さに身体を慣らし、体力をつけておく

- 速乾性の風通しのよい衣類を着て、こまめに調節。
- うなじを直射日光にさらさないように、帽子のつばやえりで覆う。濡らした手ぬぐいを首にかけてもよい。
- 休みを適宜とり、身体に熱がこもらないようにする。
- 塩分を含む飲料、スポーツドリンクなどを積極的に飲み、脱水と塩分不足を予防する。
- 下痢、過労、風邪などで体調が悪いときは登山をしない。

▶ P.36 水分補給 ▶ P.108 救助要請

低体温症にならないようにするには

低温・風・濡れに注意！

ポイント
- 低体温症の三大原因は低温・風・濡れ
- 低体温症は身体の深い部分の温度が35℃以下になった状態
- 状態を判断するキーポイントは震えと意識

NG
×雨や雪、汗で濡れた衣類の着用は熱を奪いやすく危険

【低体温症】症状

- 身体の深い部分の温度（コア体温）が35℃以下を低体温症という。
- コア体温は山では測ることが難しいので、震えや意識などの症状から重症度を判断する。
- 震えが最大になるのはコア体温35℃で、34℃が自力で回復できる限界（軽症）。
- コア体温が34℃以下で意識障害が始まり、周囲に無関心になり、よろめいたりする。
- 震えが止まると重症（コア体温32℃以下）。やがて意識がなくなり、呼吸と脈もなくなる。30℃以下では蘇生は難しい。

キーポイントは震えと意識

↓危険

コア体温	状態	
36℃	寒気を感じて震えが始まる	軽症
35℃	震えが最大になる	
34℃	自力回復限界	
34℃〜32℃	意識障害が始まる よろめく すぐ眠る ろれつが回らない	中等症
32℃	震えが止まる	重症
30℃以下↓	意識がなくなる 心拍、呼吸が減少 心肺停止	最重症

低体温症の対処法 ➡ 雨風を避け、場合によっては救助要請

●ココアなど糖分の入った温かい飲み物を飲ませる。コーヒーや酒は NG。

●意識があれば、わきの下、首、肩、胴、鼠径部《そけいぶ》（股の付け根）などを、お湯を入れたペットボトルや携帯用カイロなどを当てて、温める。直接肌に触れないように布でくるむ。

●意識がなければ、急な加温は避け、シュラフに入れ、安静にする。急に加温したり、動かしたりすると、手足の冷たい血液が急に心臓に流れ込んで危険。

●人工呼吸をすると温かい息を体内に送り込めるので、有効な場合がある。

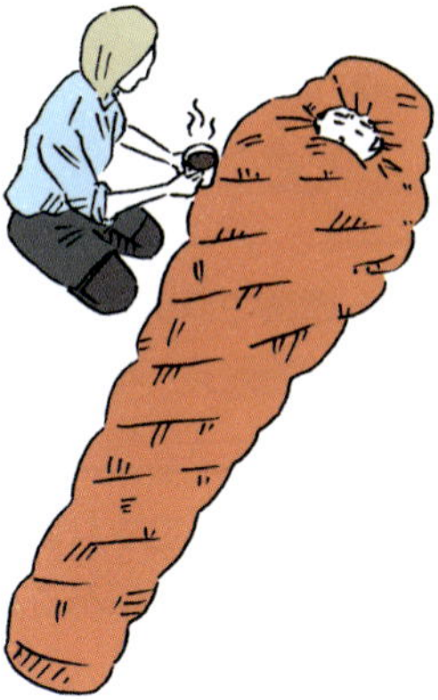

低体温症の予防法 ➡ なにより予防が大事！　体温を維持する

●すぐエネルギーになる糖分（炭水化物）を摂る。体内の熱源を維持する。

●早めに重ね着をし、首筋、頭、手も温める。レスキューシートを身体に巻くと防寒対策になる。

●雨風が強ければ、小屋に避難。小屋がなければ、ツエルト（簡易テント）、テント、雪洞などに入る。

●濡れた衣類は空気の 25 倍の速さで熱を奪う。濡れていたら乾いたものに着替える。

●下着は速乾性と保温性のあるものを着る。

●上着は透湿防水素材のものを着る。濡れと風対策になる。ダウンのジャケットは濡れると保温性が低下するので、一番外に着ないが、外気が乾燥していれば重ね着してもよい。

レスキューシート

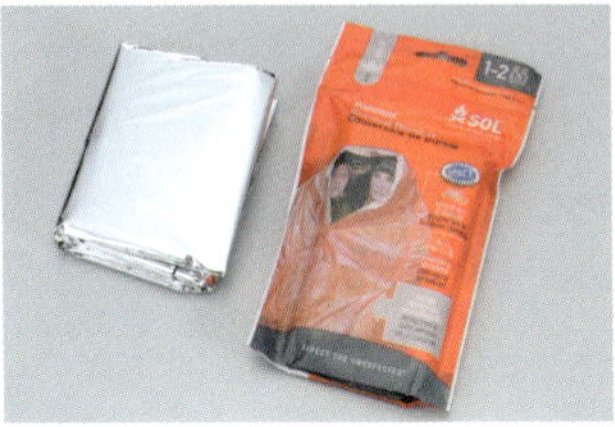

1人用（左）や2人用（右）などあり、頭まですっぽり被って使用する。

▶ P.38 糖分補給　▶ P.102 ビバークの方法　▶ P.108 救助要請　▶ P.132 衣類

凍傷にならないためには

指先、鼻先、頬、耳に注意

ポイント
- 循環の悪い手足の指先、鼻先、頬、耳に起こりやすい
- 早期発見・早期対処が大事

NG
- ×手を強くこすりあわせると肌を傷つけるので危険
- ×手をたき火にあてるのも感覚が鈍っているので、やけどの危険がある

【凍傷】症状

軽度の凍傷例（薬指）

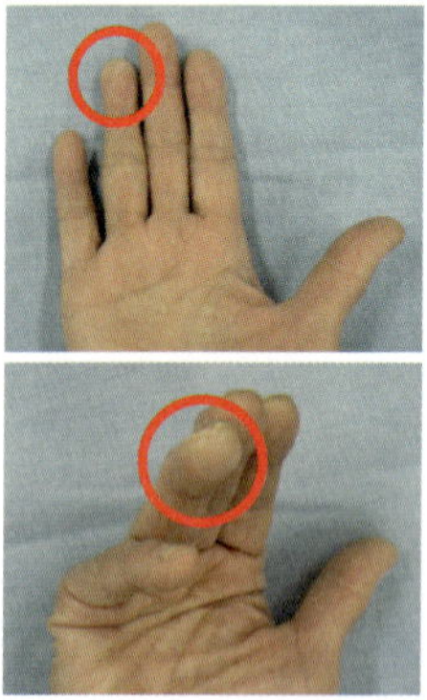

お湯で温め、漢方薬を服用。融解後、ちりちりと痛んだ。1カ月間、垢のように繰り返し皮膚が剥離し、2カ月間、指先の感覚が鈍かった。

- 凍傷は、寒さで身体の組織が凍って、内部に氷の結晶ができてしまった状態。
- 循環の悪い手足の指先、鼻先、頬、耳に起こりやすい。
- 痛がゆさ、冷感、ずきずきした痛み、知覚麻痺などが生じる。
- 傷害が皮膚と皮下組織までの浅い部分にとどまるものと、筋肉や骨までの深い組織まで達するものがある。
- 凍傷の症状は、軽症では皮膚が蒼白《そうはく》色《しょく》になる。
- 中等症では、紫紅色《しこうしょく》になって、水疱《すいほう》が生じる。
- 重症では筋肉と骨が壊死して切断手術が必要な場合もある。

凍傷の対処法 ➡ できるだけ早くお湯で温める

- 靴紐《くつひも》や手袋など締め付けているものを取り除く。
- 40 ~ 42℃のお湯で 20 分以上温める。
- 水疱は破らないようにする。
- ガーゼやタオルで温湿布する。
- 患部が再凍結すると経過を悪くする。足の指の凍傷で、翌日下山しなければならないような場合には、お湯で温めない。
- 下山後は医療機関へ行く。

指先から入れ、手の甲までしっかりつけて温めよう。

凍傷の予防法 ➡ 低体温症にならないようにする

- 凍傷にかかりやすい部分の保温に努める。手の甲に携帯用カイロを当てるとよい。
- 手袋や靴紐などをきつく締め過ぎないように注意。
- 手袋や靴下が濡れてしまったら、替える。
- 意識的に腕を振ったり、指先を動かす。ピッケルなどの金属を持つ手にも要注意。
- 食料として炭水化物を十分に摂る。
- 喫煙と飲酒はやめる。喫煙は血行を悪くし、飲酒は血管を広げて体温を下げてしまう。
- 末梢の循環をよくするビタミンEのサプリなどを摂る。

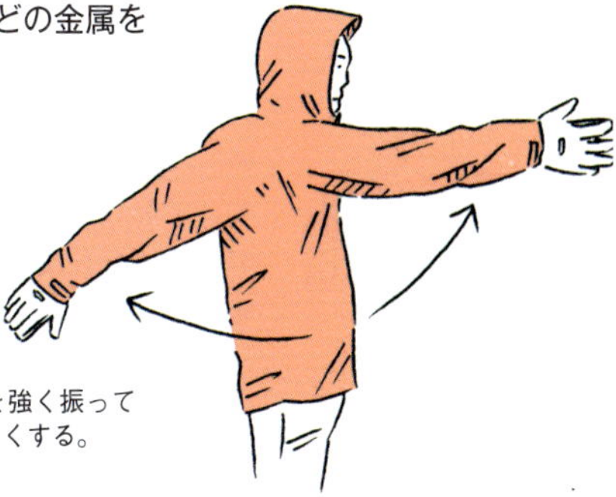

意識的に腕を強く振って手の血流をよくする。

▶ P.44　低体温症

3 バテないようにするには

総合的な登山力不足でバテは起こる

ポイント
- 歩き方、食べ物、水分、衣類に気を配る
- 休みをしっかりとる
- 体調や山行プランに無理がないかチェックする

NG
×ハーハー、ゼーゼーと息を切らせて歩いてはいけない

バテてしまったら

バテた人がいるときは、バテの人の荷物を軽くするためにメンバーで荷物を分け合う。

【バテの主な原因】

- ハーハー、ゼーゼーと息を切らせて歩いてしまうとバテやすい。
- 心臓がドキドキと動《どう》悸《き》する歩き方もバテやすい。
- 食べ物、水分不足で起こりやすい。
- 暑過ぎたり、寒かったりすると起こりやすい。
- 休まないで歩き続けるとバテやすい。

【バテの対処法】

- しばらく休んで、飲み物と食べ物を摂る。
- 荷物を人に持ってもらう。
- ストックを使ってゆっくり歩く。
- 他のメンバーは、バテた人が熱中症、低体温症、心臓病などの病気ではないことを確認する。

バテの予防法 ➡ 事前準備と山中での気配り

事前

- 事前の体調を管理する。風邪や過労のときは中止する。
- 体力的に無理のない山行（身の丈登山）をする。予定段階で、自分の体力、歩行時間（距離）、標高、ザックの重さ、メンバーの力量などを考慮する。
- 日ごろからトレーニングをして基礎体力を強化する。

無理のない山行予定を立てる。

山中

- 歩き方に注意する。息を切らさず、ゆっくり歩く。
- こまめに十分な水分を補給する。立ち休みをとって水分を補給してもよい。
- 食べ物が不足して起こるシャリバテを避け、十分な糖質（炭水化物）を摂る。
- 暑過ぎず、寒過ぎない衣類を着る。
- 休みを適宜とる。

こまめな水分補給が大切。

バテないための心拍数

目安は（220 －年齢）× 0.8 以下。たとえば、40 歳では毎分 144 回以下だとバテない心拍数。個人差もあるので、自分がドキドキしない心拍数を知っておくとよい。

3

高山病にならないようにするには

口すぼめ呼吸をする

【高山病】症状

- 高所で起こる低酸素症で、頭痛、倦怠感《けんたいかん》、食欲不振、吐き気、不眠、むくみなどの全身的な不調が生じる。風邪に似ている。
- 一般に標高 2400 m以上で起こるが、個人差や体調によるものが大きい。高所に数時間以上、身を置くことで発病する。
- 疲労、寒さ、脱水などがあると起こりやすい。

高山病の対処法 ➡ ぐっすり寝てしまわない

- 頭痛だけなら鎮痛剤を飲む。
- 横になって休む。しかし、疲労困ぱいしていなければ周辺を歩くなどの軽い運動がよい。
- 症状がひどければ下山する。

高山病の予防と対策 ➡ 酸素を多く取り込む

- ゆっくり登り、急に標高を上げない。
- 口笛を吹くように、時間をかけて息を吐く（口すぼめ呼吸）。
- 身体を温めて十分に水分を摂る。
- なるべく会話をして、陽気に過ごし、換気量を増やす。
- 飲酒、喫煙をしない。
- 睡眠不足、過労の状態で登山しない。

時間をかけて息を吐く。

▶ P.20 歩き方　▶ P.36 水分補給　▶ P.48 バテ　▶ P.132 衣類

PART 4

ケガの応急処置

CONTENTS

Column

1 自然災害
2 トラブル回避
3 体調
4 ケガ
5 病気
6 遭難
7 動植物
8 出発前

打撲、ねん挫、脱臼、骨折してしまったら

手早く応急処置を！

ポイント
- 骨・関節・筋肉のケガは安静、冷却、圧迫、挙上、固定の応急処置
- 安静、圧迫、固定にはテーピングが有効
- 下山後は医療機関を受診する

NG
×処置は同じなので、診断に時間を費やしてはいけない

【山でのケガと対処の基本】

- 山で多いケガは打撲、ねん挫、脱臼、骨折。
- すばやくRICES処置を行い、痛みや腫れがひどくなることを防ぐ。
- 診断に時間を費やさないで、手早く処置を行う。

打撲 (→P.54)

ねん挫 (→P.54)

RICES《ライシズ》処置を行う！
骨・関節・筋肉のケガはすべて同じ処置。

脱臼 (→P.55)

骨折 (→P.55)

RICES処置 ➡ 骨・関節・筋肉のケガの応急処置

Rest
患部を動かさないように安静にする

Icing
氷や水で濡らしたタオルなどで冷やす

Compression
腫れを予防するためにテープや包帯で巻いて圧迫する

Elevation
患部を挙上する

Stability
テーピングや包帯で固定する

R（安静にする）、**I**（冷やす）、**C**（圧迫する）、
E（挙上する）、**S**（固定する）

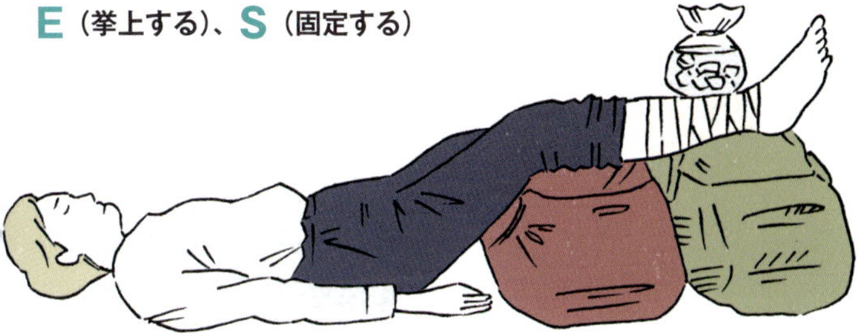

Icing（冷やす）のときは、沢の水や氷、雪をビニール袋に入れて患部を冷やす。氷や雪では凍傷（→ P.46）に注意（30 分以内にする）。

▶ P.62 圧迫止血　▶ P.92 寝かせ方

ねん挫の対処法 ➡ テーピング固定が効果的

- ねん挫は関節がずれて、靭帯が伸びてしまった状態。
- 足首を内側にひねるねん挫が多い。
- RICES 処置を行う。とくに固定が重要。テーピングをする。
- テーピングのコツは、患部を動かしても痛くない方向に固定すること。
- 下山後は医療機関を受診。
- テーピングテープは伸縮性（肌色）と非伸縮性 (白色) がある。
- ケガには非伸縮性、リハビリや予防には伸縮性が原則だが、膝などの大きな関節にはケガでも伸縮性を使う場合がある。

ねん挫のテーピング

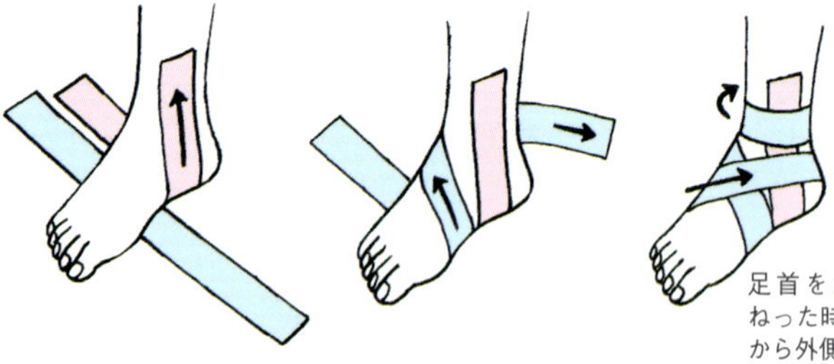

足首を内側にひねった時は、内側から外側に巻く。

テーピングテープの種類

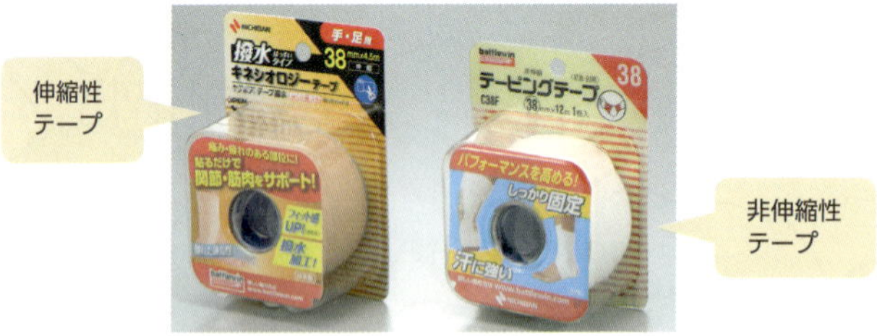

打撲の対処法 ➡ 冷やして、挙上する

- RICES 処置を行う。とくに患部を安静にして冷やし、挙上するのが重要。
- 内出血を起こしていたら 10 分間圧迫止血（→ P.62）する。
- 腹を打撲した場合、内臓破裂の危険があるので、医療機関を受診する。

骨折の対処法 ➡ 添え木が効果的

- RICES 処置を行う。
- ねん挫、脱臼と区別できない場合があるが、変形がはっきりしていれば骨折。
- 四肢の骨折は患部の両端の関節を固定して、骨折部が動かないようにする。
- 添え木は両関節以上の長さが必要。ストック、枝、丸めた新聞紙などを利用する。
- 骨が外に出てしまった開放骨折では、骨折部をガーゼで覆う。
- 大腿《だいたい》骨折などの大きい骨折では全身を保温して、迅速に救助要請。
- 足首などの靴内の骨折は、靴を脱がさずにギプス代わりに使う。
- 腕や手を骨折した場合、三角巾などで吊って、身体の前面で固定する。
- 下山後は医療機関へ。

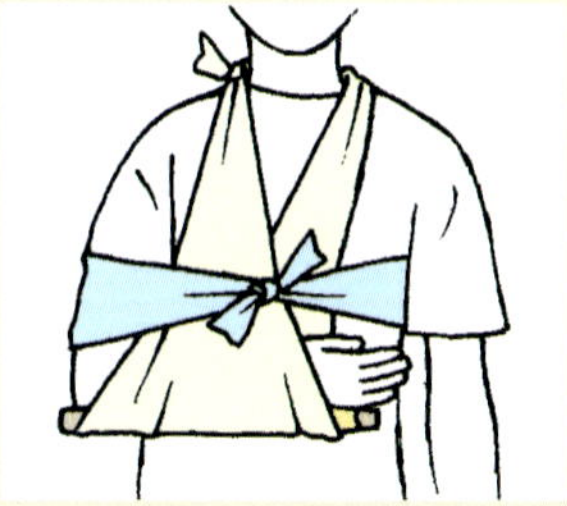

添え木に衣類などを巻いてクッション性を持たせる。

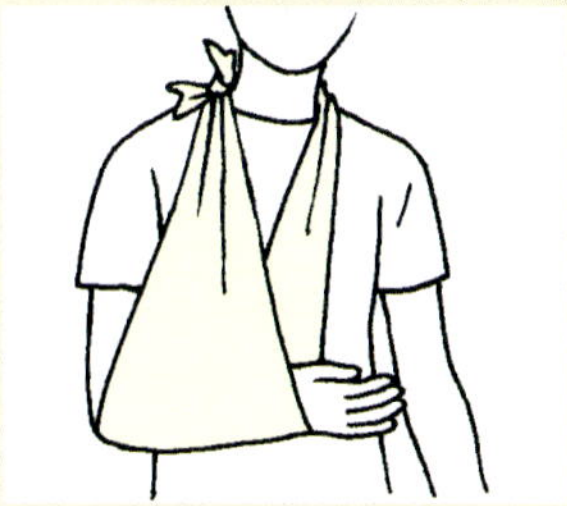

ビニール袋やシャツを三角巾代わりにしてもよい。

脱臼の対処法 ➡ 原則として固定する

- RICES 処置を行う。とくに原則として患部を固定する。
- 肩関節脱臼で、はじめての脱臼の場合は現場で整復を試みない。
- 肩、ひじ、手首を脱臼した場合は、肩や腕を胴体に包帯などで固定する。

肩、ひじ、手首の脱臼の処置

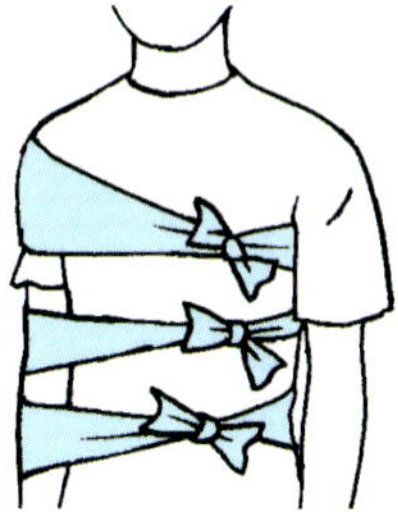

▶ P.62 圧迫止血 ▶ P.108 救助要請

突き指をしてしまったら

すばやくRICES処置を行う

ポイント

- 指の打撲、ねん挫で起こる
- 重症の場合はとくに安静が維持できるように肩から腕全体を吊る

NG

×やわらかい靴を履くと足の指を突き指しやすい

【突き指】 症状

- 軽症なものから、骨折、脱臼、靭帯《じんたい》や腱の損傷をともなう重症なものまでさまざま。
- 手の指の突き指は、指先に近い（第一）関節は腱損傷《けんそんしょう》が多く、基部の（第二）関節は脱臼が多い。
- 手の突き指は、転倒したときや滑ったときに、地面や岩などに手をついた場合などに起こしやすい。
- 足の突き指はやわらかい運動靴を履いていて、つまずいたときなどに起こしやすい。
- 腫れが強いとき、指がまったく動かせないときは重症。

足の突き指の例

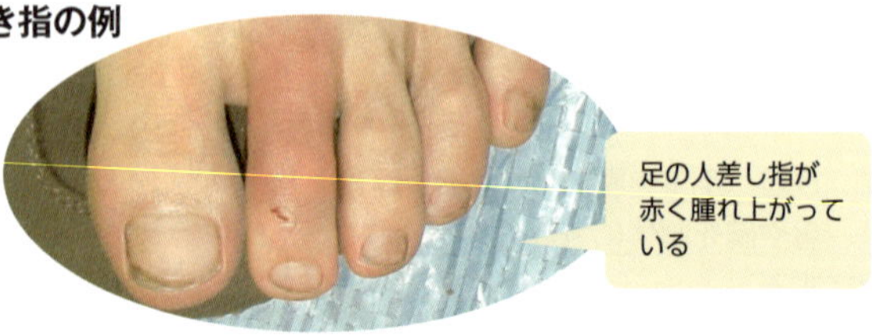

突き指の対処法 ➡ テーピング、添え木、腕全体を吊る

基本対処

- RICES 処置、患部の安静、冷却、テーピングなどの圧迫、固定をする。
- 突き指した側の手や腕は、安静を損なわないように、なるべく動かさない。
- 指を固定する場合は関節を伸ばし、添え木に割り箸を使う。手のひらから指先までテープで固定する。
- 隣の指を添え木にして、2本合わせてテープで巻いてもよい。
- テーピングは動かしても痛くない方向に固定する。

添え木のテーピング

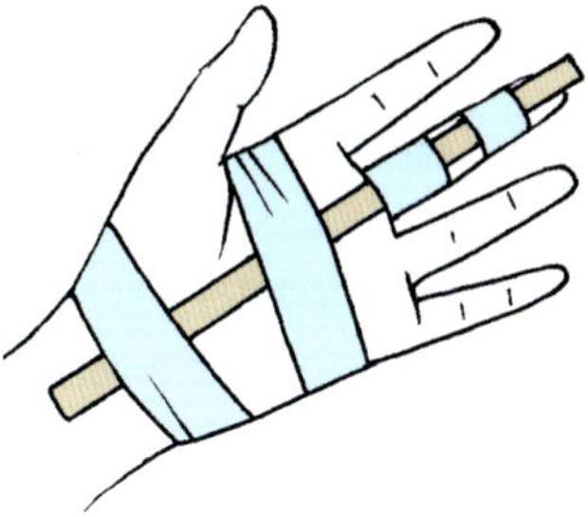

中指の添え木の例。添え木が指先から飛び出し過ぎない長さにする。

腫れが強い、指を動かせない場合

- 骨折、靭帯や腱の損傷など、重症の突き指が疑われる場合は、とくに安静が維持できるように肩から腕全体を吊る。
- 腕を吊った場合、岩場やクサリ場などの危険な場所では、両腕が使えるように外して通過する。
- 痛みがひどい場合は鎮痛剤を内服。
- 下山後は医療機関を受診。

肩から腕全体を吊る

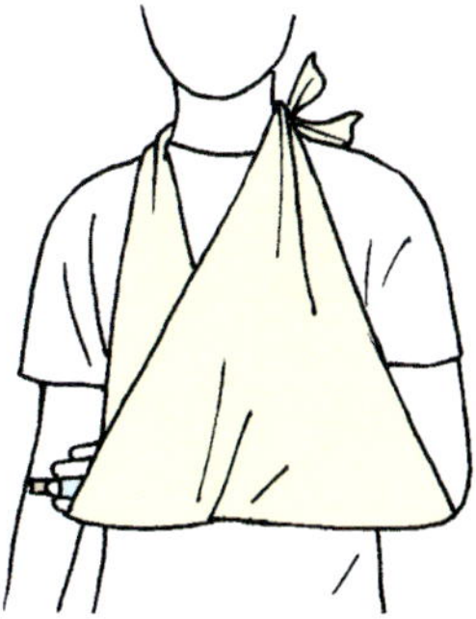

肩から腕全体を吊って、安静できるように固定する。

突き指の予防法 ➡ 強い衝撃を避ける

- 不用意に指先に強い衝撃が加わらないように注意する。
- 足指の突き指を避けるために、足先のしっかりした靴を履く。

▶ P.53 RICES 処置

肉離れ・腱損傷（断裂）になってしまったら

瞬発的な力がかかったときに起こりやすい

ポイント

- RICES 処置を行う
- 肉離れは筋肉が一部断裂した状態
- 腱の損傷・断裂は腱が一部または全部切れてしまった状態

NG

×脚に瞬発的な力をかけないように注意する

【肉離れ】症状

- 筋肉が一部断裂した状態で、鋭い痛みを感じる。
- 瞬発的な力が筋肉にかかって伸ばしてしまったときや、足がつったときに起こりやすい。
- 山では足が疲れた場合や冷えたときに多い。
- 太ももの後ろと前、下腿《かたい》の後ろの筋肉に多い。
- 受傷部位が陥没《かんぼつ》している場合がある。
- 皮下内出血が起きて赤黒くなる場合もある。

【腱損傷・断裂】症状

- 損傷・断裂は瞬間的に腱が無理に伸ばされ、一部または全部が切れてしまった状態。
- 激しい痛みがある。
- 足首のアキレス腱断裂が多い。足首が曲げられず、伸びたままになる。

肉離れ・腱損傷の対処法 ➡ 固定する

- RICES処置を行い、テーピングなどで圧迫、固定する。
- 足首のアキレス腱断裂の場合は、立たせたり歩かせてはいけない。救助要請をする。
- 肉離れの場合、自力、または介助してもらって下山し、医療機関を受診。
- 肉離れは治るまで軽症で1～2週間、重症で3カ月近くかかる。
- 痛みがひどい場合は鎮痛剤を飲む。

肉離れの処置

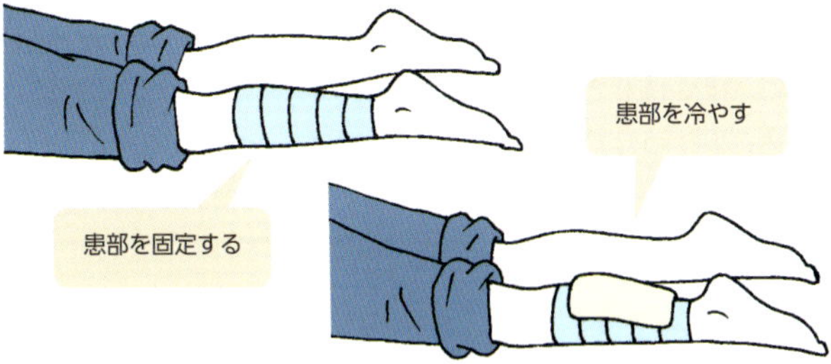
患部を冷やす
患部を固定する

アキレス腱断裂の処置

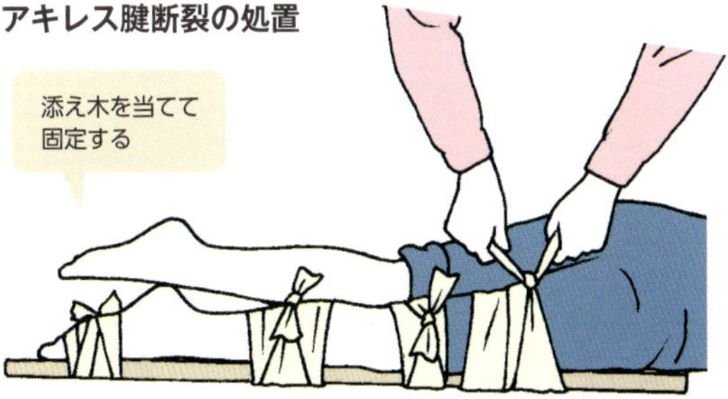
添え木を当てて
固定する

肉離れ・腱損傷の予防法 ➡ 脚を冷やさない

- 脚に瞬発的な力をかけて、伸ばさないように注意する。
- 脚を冷やさないようにする。
- 登山前や登山中にストレッチをする。

▶ P.18 ストレッチ　▶ P.53 RICES処置　▶ P.68 足のつり　▶ P.108 救助要請

すり傷、切り傷、刺傷の対処法は

洗浄して消毒し、清潔にする

ポイント

- すり傷、切り傷は清潔な水で洗って消毒してから覆う
- 深い傷は加圧注水して洗う
- 出血は 3 ～ 5 分、出血部を圧迫して止血する

NG

- ×太い枝や棒などが刺さった場合には原則として抜かない
- ×腹に刺さった場合は絶対に抜いてはいけない
- ×出血後に飲酒をしてはいけない

【すり傷、切り傷、刺傷】対応

症状　すり傷・切り傷

↓

傷口を洗浄する

↓

消毒する

↓

傷口を覆う

・ばんそうこう、ガーゼ、包帯、テープを使用する

症状　刺傷

↓

トゲの太さなら抜く → 傷口を洗浄する

太い棒が刺さった場合や、腹に刺さった場合

↓

固定する

↓

下山し医療機関へ

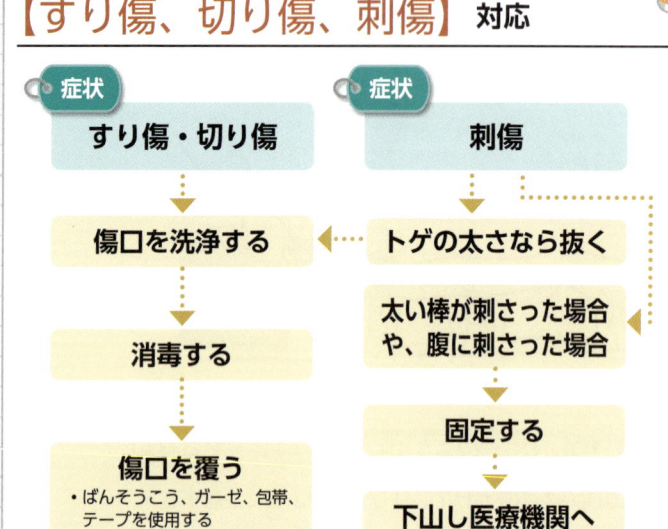

すり傷、切り傷の対処法 ➡ 洗浄し消毒後、覆う

- すり傷、切り傷は山で最も多いケガ。
- 泥や小石は水を含ませたガーゼやタオルで取るが、無理には取らない。
- 傷口の洗浄にはペットボトルで持ってきた清潔な水を使う。
- 沢水は雑菌が多く、避けたほうが無難。
- 水が大量に必要な場合は、まず沢水を使って洗い、それから清潔な水を使って洗浄してもよい。
- 浅いすり傷では消毒は不要の場合もある。しかし、山中では破傷風菌などの細菌がいる危険がある。傷が深い場合や、傷を負ってから時間が経っている場合は消毒を必ず行うこと。

❶傷口を清潔な水で洗う

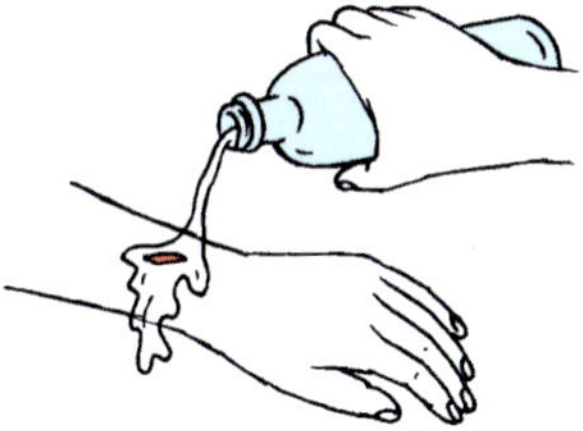

❷消毒する

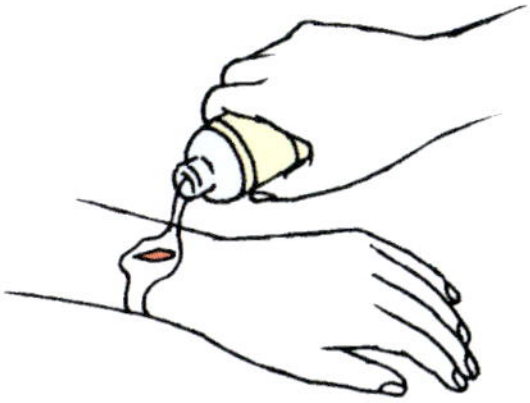

❸ばんそうこう、ガーゼ、包帯、テープなどを使って覆う

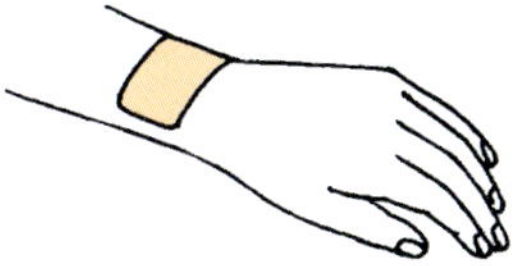

深い傷の場合は勢いのある水で洗う

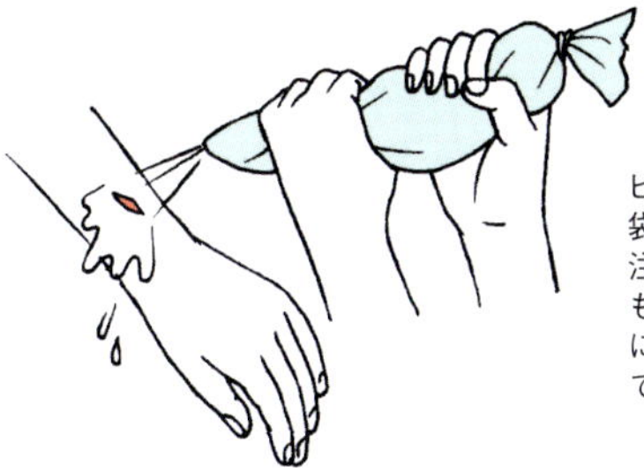

ビニール袋の角を切って、袋をしぼるように加圧して注水すると、少し深い傷でも洗浄できる。ペットボトルに穴をあけたキャップをつけて注水してもよい。

▶P.62 圧迫止血　▶P.63 刺傷

出血に対する対処法 ➡ まず圧迫する

基本対処

- ガーゼやタオルで患部を覆って手で押さえて圧迫。3～5分圧迫すれば止血できる場合が多い。
- 止血できたら、清潔な布で覆う。
- 圧迫しているガーゼなどに血液が染みた場合、布をはがすと再出血することがあるので、布をその上に重ねる。
- 出血後は再出血の危険があるので、飲酒してはいけない。

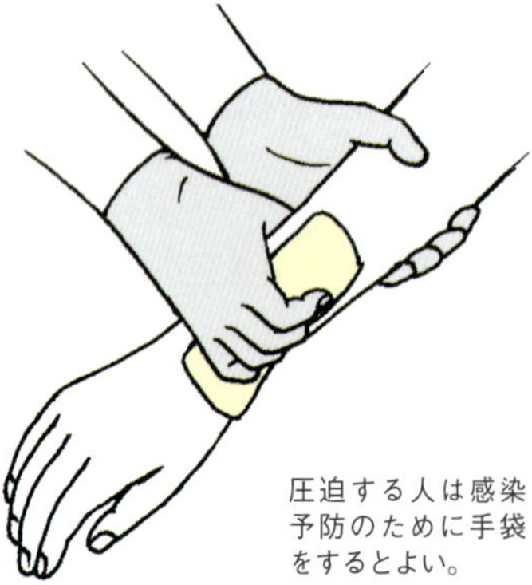

圧迫する人は感染予防のために手袋をするとよい。

止血しにくい場合

- 傷口を心臓より高く挙げる。
- 拍動に合わせて噴き出す出血は動脈の血。止血しにくければ傷口よりも心臓に近い上流部を押さえる。
- しばる方法もある。その場合は、30分に一度ゆるめて様子を見る。幅広の布を使い、細い紐《ひも》を使ってはいけない。

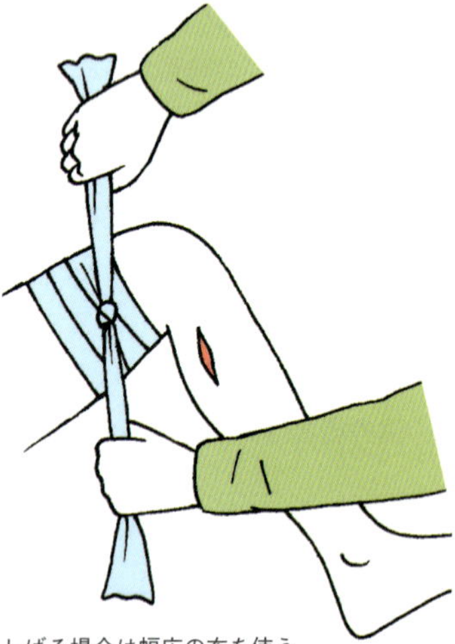

しばる場合は幅広の布を使う。

止血に適した布 ➡ 手ぬぐい、生理用ナプキン

- 清潔な手ぬぐいを持っていると止血や包帯に使えて便利。
- 生理用ナプキンも適している。清潔で吸水性がよく、個別包装されていて、携行に便利。
- 生理用ナプキンは吸水性の高いものと少ないものを持っているとよい。出血が多いときや傷口が大きいときは、大きく吸水性の高いものを使う。

手ぬぐいを使った止血の例

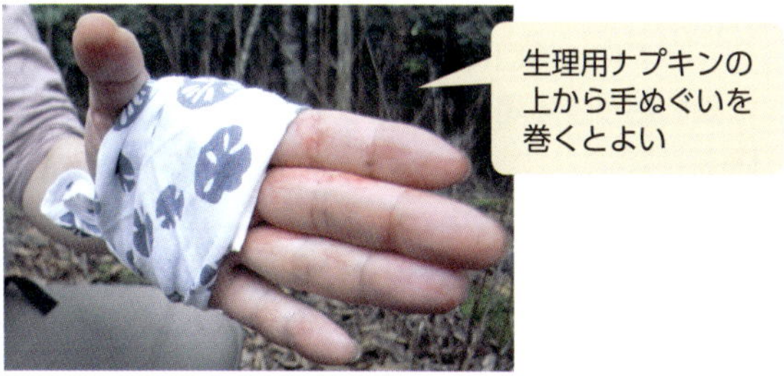
生理用ナプキンの
上から手ぬぐいを
巻くとよい

刺傷の対処法 ➡ 刺さった物の大小で処置を変える

- トゲが刺さった場合は、抜いて洗ってから、消毒する。
- 太い枝や棒などが刺さった場合には、抜くと傷が広がって大量に出血する危険があるので、基本的に抜かない。とくに腹に刺さった場合は抜いてはいけない。
- 刺さった物が長い場合は、可能であれば短く切る。
- 刺さった物が深くならないようにガーゼ、包帯、テープで固定して、速やかに医療機関へ。
- 痛い場合は鎮痛剤を飲む。

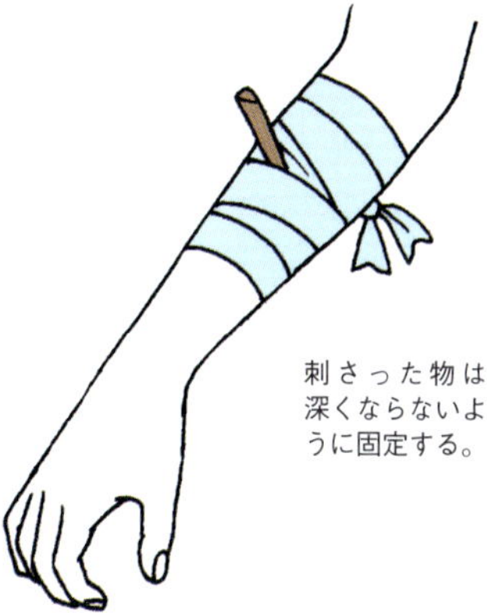

刺さった物は深くならないように固定する。

▶ P.136 携行医薬品

靴ずれ・足のマメができてしまったら

予防と早めの処置が大切！

ポイント

- 処置にはクッション・パッド、シート、テープを貼る
- マメが大きければ熱した針で水ぶくれを突いて破る。皮膚はむしらずに、傷口にかぶせる
- テープを重ね貼りする場合は、カットしたテープの四隅を丸く切る

NG

×靴ずれを我慢して歩いてしまうとひどくなる

【靴ずれ・足のマメ】原因と予防法

- サイズや形が合わない靴、新しい靴を履いた場合に起こりやすい。
- 靴下がよれたまま、靴を履いている場合も起こりやすい。
- 靴ずれ・足のマメは、かかとに多く、足底や足首などにも起こる。
- 外反《がいはん》母《ぼ》趾《し》の強い人では指の付け根にも起こる。

靴選びで靴ずれ予防

登山靴はかかとに指１本入るくらいのサイズが適している。

【とにかく予防が大切！】

- 出発前に、靴ずれ、マメができやすい部位にテーピングする。
- 歩き始めて、少しでも“当たる”感じがあったら、すぐにテーピングする。

マメ（水ぶくれ）の対処法 ➡ 覆う、針で突く

- 小さければガーゼとテープで覆う。
- 大きい場合には、熱した針で水ぶくれを突いて破り、ガーゼ、テープで覆う。
- 破けてしまった場合は軟膏を塗って、ガーゼ、テープで覆う。
- 水ぶくれした部分の皮膚は、むしらない。

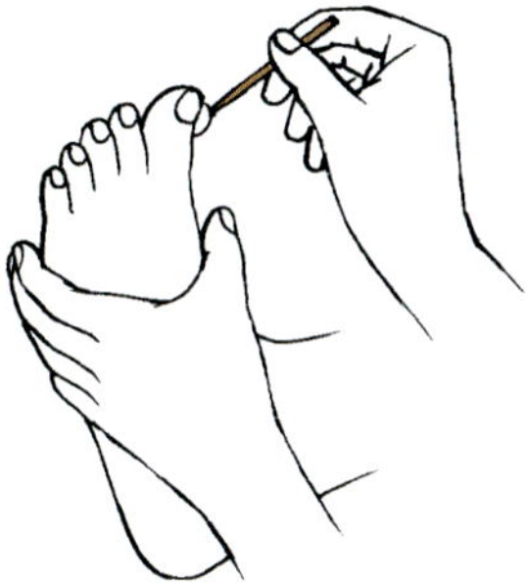

熱した針で水ぶくれを突く。

靴ずれの対処法 ➡ テーピングが有効

- 靴ずれ・マメ専用のクッション・パッド、シート、テープを当たる部位に貼る。
- テープを重ね貼りする場合は、四隅を丸く切って、縁をしっかり押さえて、貼りつける。テープの角が四角いままだと、角がよじれて丸まってしまい、痛くなることがある。

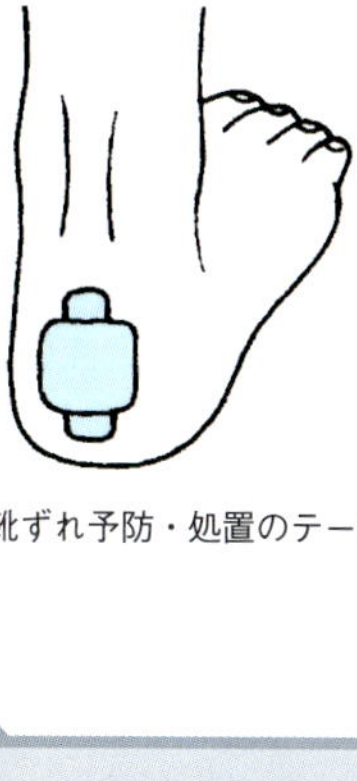

かかとの靴ずれ予防・処置のテーピング。

靴ずれ防止・治療用のグッズ

クッション・パッド

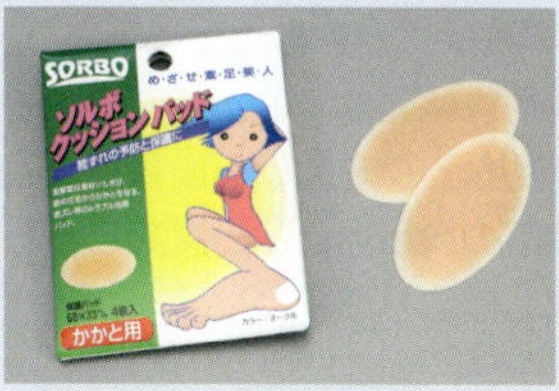

クッション・パッドは皮膚との一体感があってはがれにくい。

クッション・シート

シートは大きさに応じてカットする。大きい靴ずれにも使いやすい。

爪が痛んで黒ずんだら

痛みを感じたら早めに処置する

ポイント

- 爪の下の内出血は下山時に足先が登山靴に当たることで起こりやすい
- 予防は、出発前のテーピング、下山時は靴紐《くつひも》をしっかり締める

NG

×爪が痛くなったら放置しない

【爪の下の内出血（爪下血腫《そうかけっしゅ》）】症状

爪の下の内出血の例（親指）

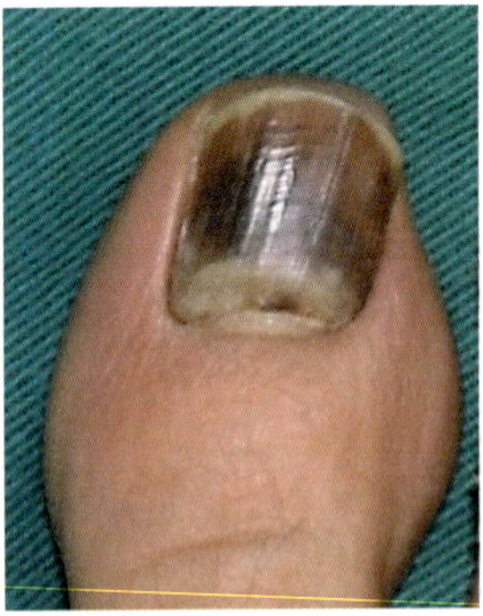

指の爪の下が黒く、内出血している。

- 下山するときに足指に起こりやすい。
- 爪の根元が痛み、付け根が黒ずむ。
- 爪の根元が痛み、靴を脱ぐと親指の付け根が黒ずんでいた、と気づくことが多い。
- ほとんどの場合、出血は自然と吸収され、爪は４～５カ月で生え変わる。
- 消毒すれば済むことが多く、多くは専門的な治療を受ける必要はない。
- 爪の下の内出血は、一度起こすと繰り返し起こりやすい。

爪の下の内出血の対処法 ➡ 早めにテーピングをする

- 登山中は痛みを感じたら早めに処置をする。
- 指の周りを、爪の先まで覆うようにテーピングする。
- きつく巻き過ぎると、うっ血してしまうので注意。
- テープは伸縮性のあるものがよい。
- 巻き爪になったり、炎症を起こしたり、爪がぶよぶよしているときは皮膚科へ行く。

足指のテーピング

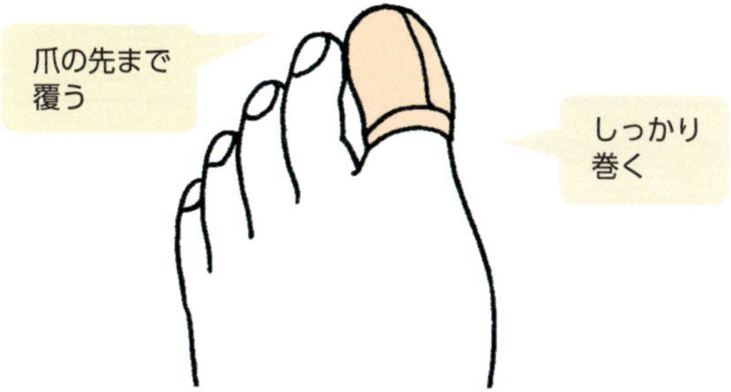

爪の下の内出血の予防法 ➡ 足先が靴に当たらないようにする

- 足先に余裕のあるサイズの靴を履く。
- 下山時につま先が当たらない靴を履く。
- 下山時は靴の中で足がずれないように靴紐をしっかり締める。
- 以前に内出血を起こした爪には、出発前にテーピングしておく。
- 爪を切って、爪が靴に当たりにくくしておく。

▶ P.64 靴ずれ・足のマメ

足が つってしまったら

マッサージ、温める、漢方薬、ゴムバンドが効果的

ポイント

- 予防には塩分、クエン酸・アミノ酸、漢方薬を服用
- 対処にはマッサージ、温める、漢方薬、ゴムバンド
- 出発前と登山中に脚を中心としたストレッチをする

NG

×身体、とくに脚を冷やす服装をしない

【足のつり】原因と対処法

原因

足の疲れ・足の冷え
塩分不足

↓

足がつる

↓

対処

- マッサージをする
- 温める
- 漢方薬を飲む
- つった部位に
  ゴムバンドを巻く

- ふくらはぎ（こむらがえり）、太ももの内側と後ろ、足底などが登山中につりやすい。
- 初心者と中高年者に多い。
- 足が疲れた場合や、冷えたときに起こりやすい。

足つり対処にゴムバンド

ゴムバンドはゆるく巻く。強く締め過ぎると逆効果。

足のつり対処法 ➡ 血液の循環をよくする

- つった部位をやさしくマッサージ。
- こむらがえりは、足の指先をつまんで手前に引き、ふくらはぎを伸ばす。足底を強く指圧すると効く場合もある。
- 携帯用カイロでつった部位を温めて血液の循環をよくする。
- 漢方薬の芍薬甘草湯《しゃくやくかんぞうとう》を飲む。内服後 5 ～ 10 分位で症状が改善される場合が多い。
- ゴムバンドをする。

こむらがえりの処置

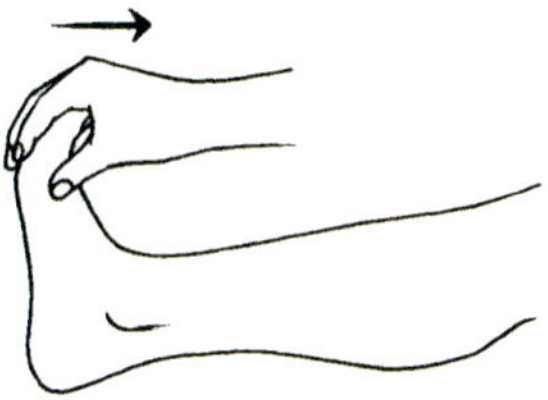

指先をつかみ、ふくらはぎを伸ばす。

足のつりの予防法 ➡ サプリやストレッチが有効

サプリ・漢方薬

- 足のつりは、乳酸が蓄積して起こる筋肉のケイレンのこと。
- 血液の塩分のアンバランスは足がつる原因になる。
- 塩分入りの水分（スポーツドリンクなど）を十分に摂る。梅干しでの塩分補給も有効。
- サプリメントのクエン酸、アミノ酸は乳酸の蓄積を抑制し、筋肉疲労を改善。
- 筋肉のケイレンをしずめる漢方薬 68 番芍薬甘草湯《しゃくやくかんぞうとう》は足のつりの予防によい。腹痛・生理痛にも効果がある。

ストレッチなど

- 出発前と登山中に脚を中心としたストレッチをする。
- 身体、とくに下腿《かたい》を冷やさないように衣類に気を配る。
- 山小屋などに泊まる場合、ザックなどで軽く足を挙げて寝る。
- 休憩時にストックやペットボトルを使って、ふくらはぎを下から上へしごくようにマッサージすると脚の疲労改善に効果的。

ふくらはぎのマッサージ

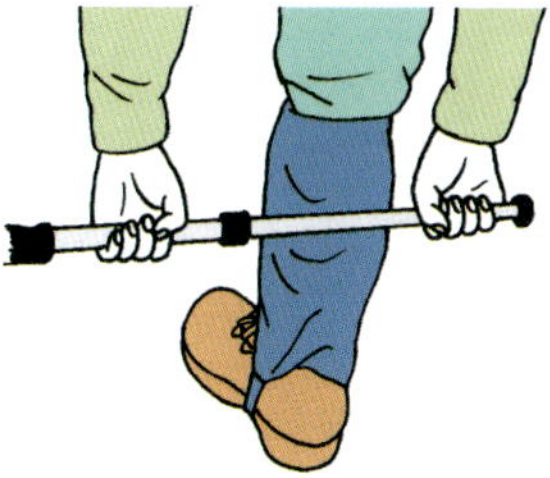

ストックを使ってふくらはぎを下から上へ、マッサージする。

▶ P.18 ストレッチ ▶ P.36 水分補給 ▶ P.132 衣類 ▶ P.138 携行医薬品

腰痛・ぎっくり腰になってしまったら

サポーターで腰を締める！

ポイント

- 予防はサポーターで腰を締め、テーピングをし、ストックを使う
- 対処にも腰のサポーターを用いる

NG

×急な動作や重荷で腰に負担をかけないように注意

【腰痛・ぎっくり腰】原因

重い荷物を背負う場合などぎっくり腰に要注意。

【腰痛】

- 山では重荷、長時間行動などで腰痛が起こる場合がある。
- 一般に若い人は椎間板《ついかんばん》ヘルニア、高齢者は脊柱管狭窄症《せきちゅうかんきょうさくしょう》による場合が多く、医療機関での治療が必要。

【ぎっくり腰】

- 急に無理な動作をしたときの衝撃で起こる。
- 寒いときや、筋肉がこっているときに起こりやすい。
- ほとんどの場合、数日で治るが、癖になる場合もある。
- 脊椎《せきつい》を支える筋肉の付着部のはがれや、内出血が原因と考えられる。

腰痛・ぎっくり腰対処法 ➡ 山中で急に起こった場合

- サポーターで腰を固定する。
- 腰のサポーターをしても動けないほどの痛みや、足のしびれがあったら、しばらく様子を見る。
- 痛みやしびれが改善しなければ、救助要請。
- サポーターを所持していない場合、ヘッドランプのゴムベルトを腰に巻くなども有効。

腰痛・ぎっくり腰予防法 ➡ 事前にサポーターを着用する

- 腰までサポートするサポートタイツを履く。
- サポーターで腰を固定する。
- 腰痛予防のテーピングをする。
- ストックを使って腰への負担を軽減する。
- 急な動作や重荷で腰に負担をかけないようにする。
- 登山前と休憩時に腰回りのストレッチをする。
- 芍薬甘草湯《しゃくやくかんぞうとう》は筋肉のケイレンをおさめるので、有効。
- 日頃、筋トレで腹筋と背筋を強化し、腰痛体操をする。

腰痛予防のテーピング

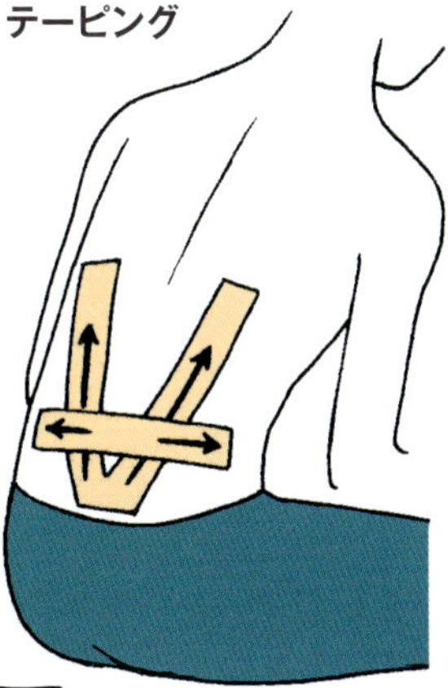

まっすぐに立ち、V字形テープの基部を尾骨の2～3cm上の腰骨の上に貼る。それから上体を前に倒し、V字に貼る。横テープは、V字の下部に貼る。

腰のサポーター

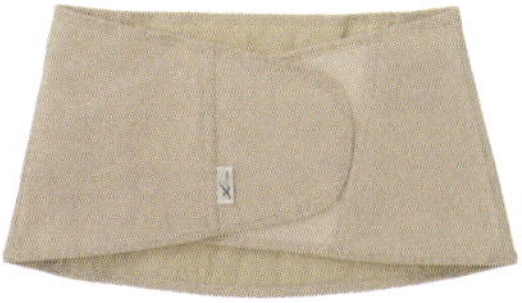

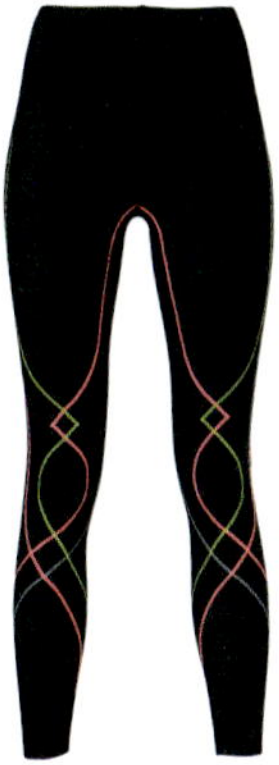

サポートタイツ

▶P.18 ストレッチ　▶P.24 ザックの背負い方　▶P.108 救助要請　▶P.140 トレーニング

膝の痛みがあったら

テーピング、ストック、サポーターで対処

ポイント
- とくに下山時に膝を痛めやすい
- テーピング、サポーターで予防・対応する
- 膝が痛むときは必ずストックを使う

NG
× 骨折していることもあるので無理には動かさない

【膝の痛み】原因

- 膝痛にはさまざまな原因があるが、主に筋力が低下することで起こる。
- 高齢者では、クッションの半月《はんげつ》板《ばん》がすり減り骨がぶつかりあうようになって、変形性膝関節症《へんけいせいしつかんせつしょう》で痛むことが多い。
- 変形性膝関節症は、膝の酷使によって起こりやすく、安静にして膝に冷湿布することで緩和する。
- 登山中は膝にかかる衝撃によって靭帯《じんたい》や半月板が傷ついた場合に多いが、骨折の場合もあるので注意が必要。

冷湿布できないときの対処法

氷を入れたビニール袋などで冷却するのも効果的。

膝の痛みの対処法 ➡ 膝への衝撃を軽減する

●テーピングをする

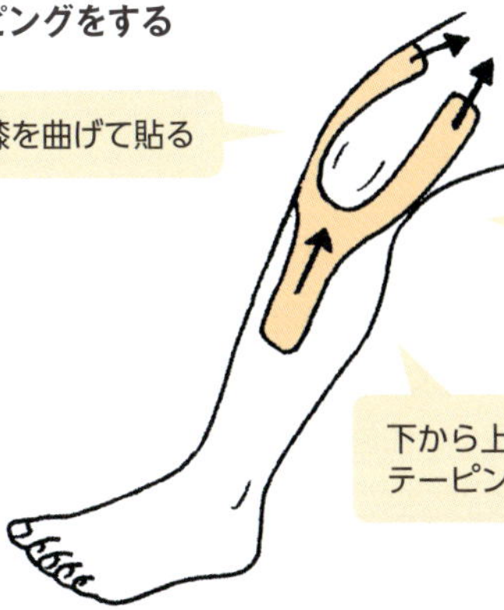
膝を曲げて貼る
テープは膝の
サイズにあわせる
下から上に
テーピングする

●サポーターを使う

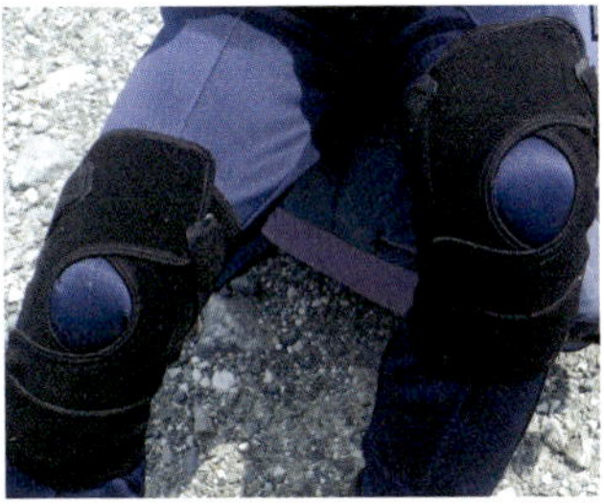

サポーターは簡便なものから、オーダーメイド用品まで、さまざまある。自分に合ったものを使おう。

●ゴムバンドを使う

ゴムバンドを膝にほどけないように（膝から下はややきつく、膝から上はややゆるく）巻く。

膝の痛みの予防法

- 膝の周囲にテーピングをする。
- サポートタイツと膝サポーターを併用する。
- ストックを使う。とくに下山時の衝撃を軽減するために有効。
- ２本使うダブルストックが有効だが、１本の場合は痛む脚と反対側の手に持つとよい。
- 日頃、筋トレによって脚力、とくに太ももの前の筋肉（大腿《だいたい》四《し》頭《とう》筋《きん》）を鍛える。
- 体重が重い人は減量が必要。

▶ P.140 トレーニング

歯と口のトラブルには

日頃のメンテナンスが大事

ポイント

- 歯並びがずれた場合にはすぐ歯科か総合病院を受診する
- 歯が抜けても、なるべく早く歯科を受診すれば戻せる可能性がある
- 口の中を清潔に維持し、虫歯や歯周病の治療を受けておく

NG

×詰め物が取れても、自分で接着してはいけない

【歯と口のトラブル】対応

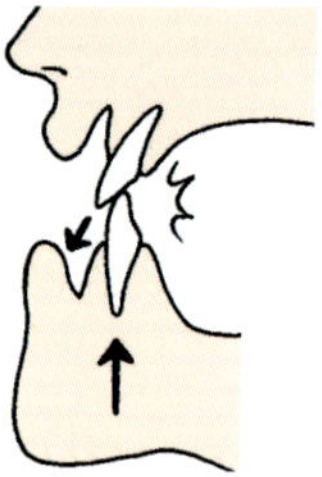

下の歯の衝撃で上の歯が
下唇を切ってしまう。

【あごを打った場合】

- 顎骨《がっこつ》の骨折や顎関節の損傷が起こる。
- 強い力であごを打ち、歯並びがずれた場合には骨折や顎関節が脱臼している危険がある。すぐに歯科か総合病院を受診する。
- 下あごを強打すると下の前歯が上の前歯を打って、脱落させることがある。同時に下唇を切ることが多い。

【出血・痛みがある場合】

- 口の中の粘膜や唇が切れて出血する。
- 出血はガーゼなどで圧迫。唾液と混じると出血量が多く見えるがあわてない。
- 大量に出血すると窒息してしまうことがあるので、注意。
- 痛みが激しい場合は鎮痛薬を、腫れている場合は抗生物質を飲む。

歯が抜けた、折れた ➡ 洗浄して歯を戻し、歯科へ

- 歯が抜けたり折れたりした場合は、下山後に歯科を受診。
- 歯が抜けた場合、歯を水で30秒ほどやさしく洗ってから、口の中に戻す。歯を生かしたければ早めに歯科へ。
- 歯をすぐに戻せない場合は、牛乳があれば中に浸ける。ただし、口を付けたものは避け、長時間の保存にも向かないので注意。

牛乳は歯の保存液になる。

虫歯や歯周病の痛み ➡ 水で口をすすいで処置をする

症状

- 虫歯や歯周病の急性発作が起こることがある。
- 歯の根の先に嚢胞《のうほう》（病的な袋状のもの）があると、高所で中のガスが膨らんで痛くなることがある。

対処法

- 虫歯の穴や、歯と歯の間に食べ物のカスが詰まったら、糸を使って取り除き、薄い塩水か水で口をすすぐ。
- すすいだ後、虫歯の穴には糖衣錠ではない正露丸を詰めるか、よくかんだガムを詰める。痛みが出たら取る。
- 歯周病の痛みがあったら、歯磨き剤か塩を歯肉に軽くすり込む。
- 詰め物が取れてしまったら自分で接着せず、下山後、歯科医院で接着してもらう。

歯と口のトラブル予防法 ➡ 事前の治療が大切

- 口の中を清潔に維持し、虫歯や歯周病の治療を受けておく。
- 強い衝撃があごや顔に加わらないように注意する。
- 下あごの親知らずが斜めに生えていると、上あごに当たったとき、クサビになって下あごを骨折することがある。抜歯しておく。

目のトラブルには

洗眼には清潔な水を使う

ポイント

- 打撲して視力や視野に異常がある場合や、痛みが１日経っても取れない場合は急いで医療機関へ
- コンタクトレンズは着脱に注意し、清潔な手で行う

NG

×目を沢の水で洗ってはいけない
×不潔な手で目をこすったり、触れたりしてはいけない

【目のトラブル】原因と対処法

原因	対処
目に異物が入った ・小石 ・ゴミ	きれいな水で洗浄する
コンタクトレンズを装填していて痛みが起こった	きれいな水で洗浄し、メガネを使用する
目を植物の枝などで打ってしまった	視野に異常、痛みが続く場合は急いで医療機関へ

目のトラブル対処法 ➡ 洗眼に沢の水を使ってはいけない

- 異物を洗い流す場合は清潔な水を使う。清潔な水がない場合は沢水を沸騰させて、冷やしてから使う。
- 洗眼はコップに水を入れて目に当てがうか、水を上から流しながら、まばたきをする。
- 目をこすって洗ってはいけない。
- 痛みが激しい場合は鎮痛薬を、腫れている場合は抗生物質を飲み、医療機関へ。
- 枝などで目を打ってしまった場合、植物の葉や枝には、細菌が多く付着しているので、傷から細菌が入ると化膿しやすい。
- 打撲して視力や視野に異常がある場合や、痛みが1日経っても取れない場合は、急いで医療機関へ。

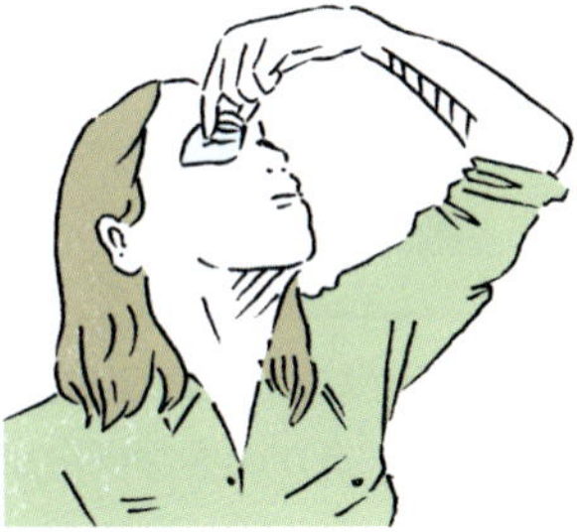

清潔な水を入れたコップなどを目に当て、まばたきをする。

清潔な水をゆっくりと流し、まばたきをする。

目のトラブル予防法 ➡ 目元に触れない

- コンタクトレンズは着脱に注意し、清潔な手で行う。1日使い捨てタイプを使うとよい。不衛生な状態で使用を続けると失明に至るおそれもあるので注意。
- 不潔な手で目をこすったり、触れたりしない。
- 登山道では、顔や目を打ちそうな枝などに注意して避ける。

汚い手で目元をこすってはいけない。

頭を打った人がいたら

容態の急変に注意！

ポイント

- 意識がなければ気道確保、出血があれば止血する
- 至急搬送が必要な場合がある

NG

- ✕頭を打った人をゆさぶってはいけない
- ✕しばらくしてから意識がなくなる場合があるので、１人にしてはいけない

【救助要請が必要な場合】

●次の症状に当てはまる場合、至急、救助要請が必要。

- □意識が戻らない。
- □意識が戻ってもすぐ眠り込んでしまったり、再び意識を消失する。
- □奇妙な言動や行動がある。
- □強い頭痛がある。
- □嘔吐する、吐き気が続く。
- □歩けない。
- □ろれつが回らない。
- □手足が突っ張る、ケイレンする。
- □眼の周囲や耳の後ろが青黒くなる。
- □首が動かせない。
- □視力や視野に異常がある。
- □鼻や耳から血液や液体が漏れる。

頭を打った人への対処法 ➡ 負傷者から離れない

- 転落や滑落で頭を打ったら水平に寝かせて、意識を確かめる。
- 意識がなければ、肩を軽くたたきながら名前を大声で呼ぶ。ゆさぶってはいけない。
- 意識がない場合や、吐く場合は横向けに寝かせて、気道を確保する。
- 出血していれば圧迫止血する。頭や顔は血管が多く、出血しやすい。
- 頸《くび》を固定して動かさないようにする。
- コブは皮下に血がたまってできるものなので、冷却する。
- しばらくしてから意識がなくなる場合があるので、負傷者を１人にしてはいけない。
- 重症の場合は救助要請する。救助を待つ間、身体を保温する。

嘔吐がある場合

顔を横に向けて口の中の吐物を取り除く。

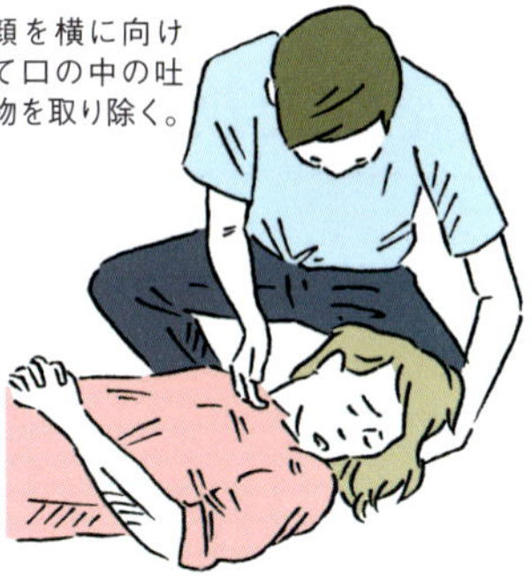

出血がある場合

ガーゼで傷口を圧迫止血する。

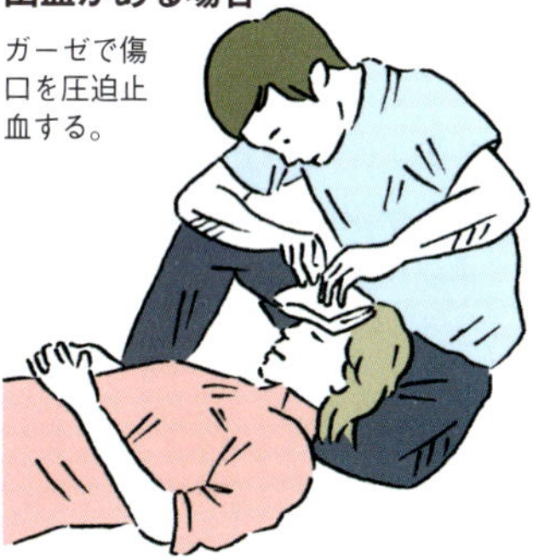

搬送後の注意

- 医療機関で傷口の縫合とＣＴ・ＭＲＩ撮影を行う。脳に異常が見られない場合は、経過を観察する。
- じわじわと出血し、脳内に血の塊ができる硬膜《こうまく》下《か》血腫《けっしゅ》の危険もある。そのため数カ月単位のフォローが必要になる。

予防法 ➡ 頭を守る

- ヘルメットを着用する。
- 転倒、滑落、落石に注意する。

▶ P.92 寝かせ方　▶ P.104 転落・滑落・転倒　▶ P.108 救助要請

Column

山登りと携帯電話

携帯電話（スマートフォン、タブレットを含む）は、山では必須のアイテムです。仲間との連絡はもちろん、救助要請にも重要だからです。

ただし、山で注意しなければならない点があります。まず、山中では電波が届かない場所があることです。尾根《おね》や見晴らしのよい場所のほうが谷や沢よりも通じやすいので、通じないときは通じる場所を探してみてください。

水濡れを防ぐためにビニール袋に入れておく配慮も不可欠です。山ではとくに濡れたつもりでなくとも、湿気が致命的なダメージを与える場合があります。

また、電波状況の悪い場所ではバッテリーを多く消耗するので、必要時以外は電源をオフにしておきましょう。気温が低いときもバッテリーの消耗が早いので、衣類や携帯カイロで保温してください。

遭難して、救助要請となったら携帯電話はまさに命綱になります。GPS 機能がついていれば警察に居場所を探知してもらえます。しかし、遭難発生時には頻繁な連絡で思わぬバッテリー消耗をします。メンバー全員で携帯電話の電源をつけたままにするのではなく、交代で電源をつけてメンバー内でバッテリーをセーブするようにしましょう。いずれにしても、いざというときにバッテリー切れにならないように、非常用のバッテリーをもう一つ携行することをおすすめします。

▶ P.98 道迷い　▶ P.108 救助要請

PART 5

山での病気の処置

CONTENTS

Column

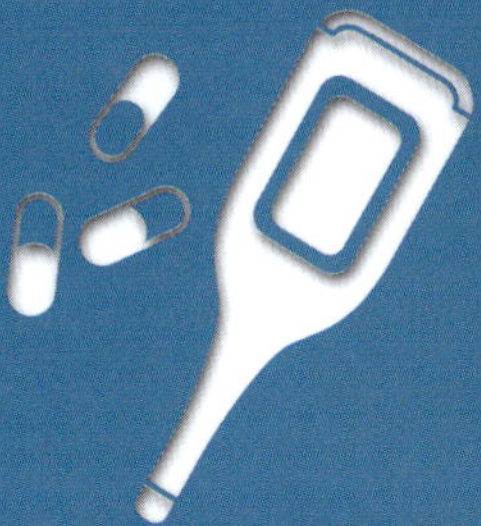

お腹の異変を感じたら

山では胃腸の調子を崩しやすい

ポイント

- 山では冷えて下痢をしたり、脱水で便秘したり、お腹が張ったりしやすい
- 簡単な気配りで対応できることが多いが、まれに急を要する虫垂炎などの場合もある

NG

×脱水は便秘をまねくので、十分な水分を摂るように注意

【お腹の異変】 対処法

整腸効果のある医薬品

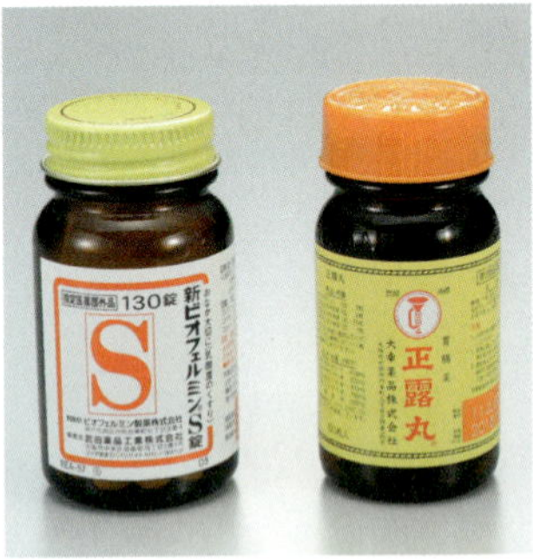

軽い胃腸の不調には整腸剤（左）。腹痛、下痢、食あたり、軟便に整腸効果がある正露丸（右）。

- 下痢をすると脱水するので、電解質を含んだスポーツドリンクを飲む。
- 便秘、軟便、お腹の張りなどの軽い胃腸の不調には、乳酸菌整腸剤がよい。
- 正露丸は、下痢、食あたり、軟便、お腹の張りに効果がある。
- 食中毒、細菌感染症による腹痛や下痢には、抗生物質が必要。
- 虫垂炎《ちゅうすいえん》（盲腸炎《もうちょうえん》）による腹痛では、重篤な容態に陥ることもある。右下腹部に痛みがあり、発熱や嘔吐などの症状がひどい場合は、下山するか、救助を要請。

腹痛と下痢の予防法 ➡ お腹を温める

- お腹を冷やさないようにする。
- 下着は速乾性・保温性のあるものを着る。
- フリースの腹巻きや携帯用カイロでお腹を温める。

携帯用カイロでお腹を温める。

便秘の予防法 ➡ 十分な水分を摂る

- 山で起こしがちな脱水は便秘をまねくので、十分な水分を摂る。
- 排便時間が狂いやすいが、便秘をしないように我慢しないようにする。
- 女性は腸のぜん動運動が弱く、便秘を起こしやすい。

お腹の張りの症状と対処法 ➡ 空気を飲み込まない

症状

- 高所ではお腹のガスが膨張し、お腹が張って重苦しい感じがする。
- 便秘をするとガスが発生しやすくなり、さらにお腹が張る。

対処法

- ガスは我慢しないで、オナラとして排気すると楽になる。

お腹の張り（ガスの発生）を抑える方法

- **炭酸飲料を飲まない**
- **早食いして空気を飲み込まない**
- **乳製品を避ける**
- **繊維質のもの（イモ類やキノコ類）を食べ過ぎない**

▶ P.36 水分補給 ▶ P.108 救助要請

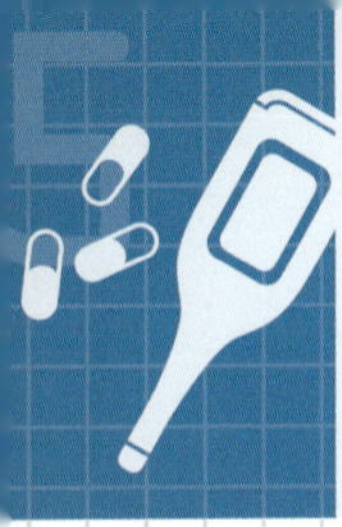

熱が出てしまったときは

感染による発熱には抗生物質での対処が必要

ポイント
- 山での発熱は風邪、胃腸炎、脱水、ケガによる感染などが多い
- 痛みをともなう発熱には解熱鎮痛薬を飲む

NG
×脱水症、熱射病、高山病では、抗生物質は効果がないので注意！

【発熱】 症状の把握

- 山での発熱は風邪、胃腸炎、ケガなど感染によるものが多い。
- 感染症には抗生物質で対処する。自分の薬か山の診療室に相談。
- 発熱の原因によって、処置が異なる。

発熱以外の症状		
	鼻水、のどの痛み、咳	主に風邪の疑い
	下痢、腹痛、嘔吐	主に急性の胃腸炎の疑い
	ケガ、虫刺され、日焼け部位がある	腫れ、化膿などの疑い、または日焼け
	上記３つ以外	脱水症、熱中症、高山病などの疑い

主な発熱の症状への対処法 ➡ 発熱の原因別の処置

風邪で鼻水、のどの痛み、咳などがある場合

- 多くが風邪で、鼻咽頭炎《びいんとうえん》の症状の鼻水、鼻づまり、のどの痛み、咳、だるさなどが生じる。
- 風邪薬や解熱鎮痛剤で対処。できれば安静にし、保温する。冷却シートがあれば、額に貼る。
- 高熱が出るなど症状が重篤《じゅうとく》な場合は救助要請をする。

脱水症、熱中症、高山病などの場合（風邪の症状がない）

- 山では脱水を起こしやすく、脱水は体温上昇をもたらす。水分摂取で対処。
- 熱射病では体温が38℃以上の高熱をきたす（→ P.42）。
- 高山病でも発熱する場合がある。鼻水やのどの痛みがないかなど他の症状とあわせて判断する。

全身保温と水分補給を行う。

下痢、腹痛、嘔吐などがある場合

- 発熱の原因として山では風邪に次いで多く、急性の胃炎や腸炎が多い。
- 原因は、冷え、過労によるストレス、食中毒、毒キノコなど。
- 整腸剤を服用し冷えは携帯カイロなどによる保温、過労は安静、食中毒は抗生物質で対処。
- 下痢、嘔吐による脱水はスポーツドリンクを飲ませる。
- 症状が重篤な場合は救助要請。

ケガや日焼け、虫刺され部位などがある場合

- 骨折、ねん挫、脱臼などの関節のケガ（→ P.52）で38℃以下の微熱が起こることがある。
- 靴ずれなどのケガが化膿して発熱する場合がある。
- 重度の日焼け、（→ P.40）虫刺されでも発熱する場合がある。
- 化膿している場合は抗生物質の内服、ケガ部位の消毒、軟膏《なんこう》の塗布などをする。
- 関節のケガと日焼けの場合は冷却シートなどで冷やす。

▶ P.42 熱中症 ▶ P.50 高山病 ▶ P.82 お腹の異変 ▶ P.108 救助要請

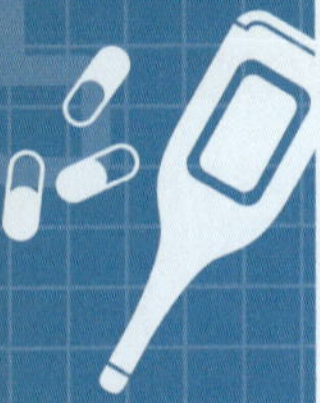

胸の痛みを感じたら ～病気の初期症状①～

心臓病に要注意！

ポイント

- 胸の痛みを訴え、意識消失したら、すぐに救助要請
- 急変は心臓病と脳卒中に多い
- 登山の遭難原因で病気は１割前後を占めるので油断できない

【胸の痛み】注意すべき症状

- 急に胸の痛みが起こったら、心臓病の疑いがある。
- 軽い狭心症と重篤《じゅうとく》な心筋梗塞がある。

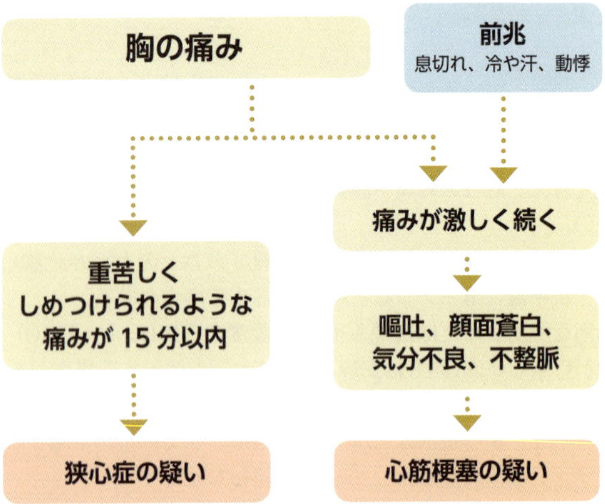

狭心症の症状と対処法

症状

- 狭心症は胸が重苦しく、しめつけられるような痛みが起こる。
- 痛みは、一時的に心筋が酸素不足になった状態で、15分以内でおさまる。

対処法

- 安静にさせる。ニトログリセリン錠を持っていれば服用させる。
- 冷たい水を飲むと治る場合もある。
- 心筋梗塞の危険もあるので様子を見て、回復しなければ医療機関か救助要請。

心筋梗塞の症状と対処法

症状

- 心筋梗塞は胸に激しい痛みが起こる。心臓の血管が詰まって筋肉が壊死してしまった状態。
- 胸の痛みが続き、強くなり、嘔吐、顔面蒼白、気分不良、不整脈なども起こしてショック状態になる。急に意識を失って転倒する場合もある。
- 息切れ、冷や汗、動悸などの前触れがある場合が多い。前触れを見逃さず、早い段階で察知することが重要。

対処法

- 安静の効果はなく、ニトログリセリンの効果も不十分。
- 全身を保温し、アスピリンを噛み砕かせ、一刻も早く救急搬送の手配をする。反応がなかったら心肺蘇生（胸骨圧迫と人工呼吸）を行う。
- アスピリンは消化器系潰瘍《かいよう》のある人と、アスピリン喘息のある人には禁忌。
- アスピリンは解熱鎮痛薬だが、心臓の血管の詰まりを抑える効果もある。ただし、出血が止まりにくくなる。

アスピリン

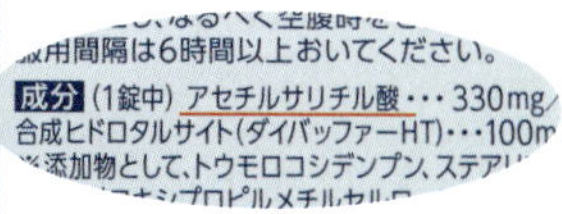

市販品は、一般名「アセチルサリチル酸」を購入すること。

登山中の心臓発作の予防法

- 胸の痛みや動悸などの心臓病の前兆の症状によく注意する。
- 脱水しないように十分に水分を摂る。

▶ P.90 病気のある人の注意　▶ P.94 心肺蘇生法　▶ P.108 救助要請

頭痛やしびれ、呼吸の異変 ～病気の初期症状②～

全身の状態、とくに**呼吸**、**脱力**、**頭痛**、**しびれ**などに注意！

ポイント

- 脳卒中、糖尿病などの病気の症状の場合もある
- 激しい頭痛や意識消失、片側の手足のしびれ、麻痺があったらすぐに救助要請をする

頭痛、手足の麻痺 ➡ 脳卒中に注意

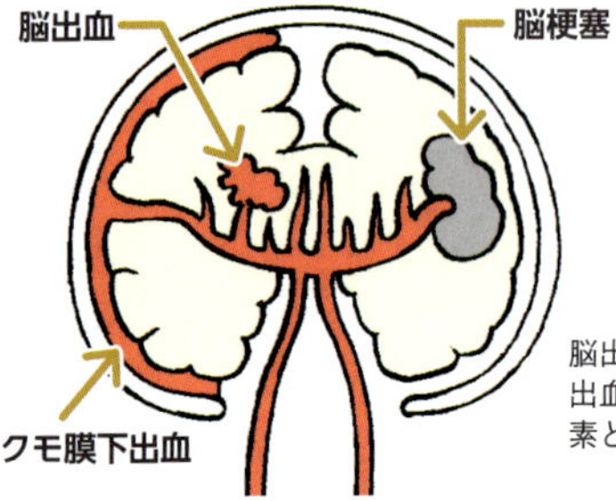

●脳卒中には、脳の血管が詰まる脳梗塞《のうこうそく》、脳の中の血管がやぶれる脳出血、脳表に血液が出血するクモ膜下出血がある。一刻も早く救助を要請する。

脳出血とクモ膜下出血は、血管がやぶれて出血する。脳梗塞は血管が詰まって脳に酸素と栄養がいかなくなる。

頭痛

●風邪や高山病の症状でないか確かめる（→ P.84）。風邪なら風邪薬、高山病なら鎮痛薬を飲む。

●血圧が異常に上昇していないか手首を触って確かめる。保温して安静にさせる。

●激しい頭痛と意識消失があれば、クモ膜下出血が最も疑われる。一刻も早く救助要請。

片側の手足に麻痺がある

●片側の手足のしびれ、麻痺が起きたら、脳卒中か一過性脳虚血《いっかせいのうきょけつ》発作《ほっさ》の可能性がある。他の症状はろれつが回らない、めまいなど。

●一過性脳虚血発作は、数分で脳梗塞の症状が起こって、大体１時間以内で消失するもの。脳梗塞の前触れと考えられる。

急に脱力するとき ➡ 糖尿病の人はとくに注意

- 長時間歩行後なら、疲労が蓄積している可能性がある。
- シャリバテでないか確かめる。糖分（炭水化物）を与える。
- 糖尿病の人なら低血糖ではないか確かめる。他の症状は、冷や汗、指先の震え、吐き気、動悸、倦怠感《けんたいかん》、意識消失など。あれば飴を食べさせる。予防はこまめに糖分（炭水化物）を摂ること。

低血糖の主な症状

冷や汗

ふるえ

動悸

吐き気

倦怠感

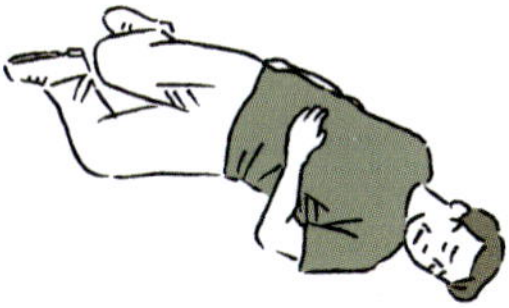
意識消失（昏倒）

息苦しいとき ➡ 心筋梗塞、自然気胸などに注意

- きつい登りで起こったら、オーバーワークの可能性が高いので、休む。
- 冷や汗、顔面蒼白、気分不良などがないか見て、心筋梗塞の可能性がないか確かめる。
- 深呼吸をするとさらに痛みがひどくなる場合は、自然気胸《しぜんききょう》の疑いがある。救助要請をする。
- 呼吸数が多い場合は過換気症候群《かかんきしょうこうぐん》の可能性がある。顔色は悪くなく、不安やあせりなどで起こりやすい。高所でも起こすことがある。ゆっくり息をさせるか、自分の手で軽く口を覆って、呼気を吸わせる。

▶ P.50 高山病 ▶ P.38 シャリバテ ▶ P.86 心筋梗塞 ▶ P.108 救助要請

病気のある人の注意点は

病気の人は治療を優先させる

ポイント

- 体調に異変を感じたらメンバーにすぐ伝えるか、周囲に助けを求める
- 過度に負担のかかる登山は避ける
- 病気が見つかったら治療を優先する

NG

×持病がある人が主治医に相談せずに登山するのは危険

【一般的な注意点】 対応

メンバーの異変に気づいたら、無理せず下山や救助要請を考える。

- 日頃、体調不良を自覚したら、医師の診察を受け、病気が見つかったら治療を優先する。
- 常用薬のある人は、いつものように内服する。
- 自分の病気について、あらかじめメンバーの人に知らせておく。
- ゆっくりと登り始め、自分の体調を確認する。
- 登山中は脱水しないように注意する。

持病がある人の主な注意点 ➡ 主治医に相談しておく

高血圧

- 胸痛、頭痛、片側の手足のしびれ、麻痺があったら、すぐに下山する。
- 高血圧の人は心臓や脳の病気である心筋梗塞や脳卒中を起こしやすい。
- 降圧薬としてα1遮断薬を内服していると立ちくらみをすることがあるので、主治医に相談する。

心臓病

- 山で発作を起こすと、手遅れになる場合も多い。日頃、心臓に異変を感じたら、医師の診察を受けておく。
- 急な登りが続いたり、長時間歩行、重荷など、心臓へ過度な負担がかかる登山は避ける。
- 動悸や息切れが気になる人、足にむくみがある人などは診察を受けておく必要がある。

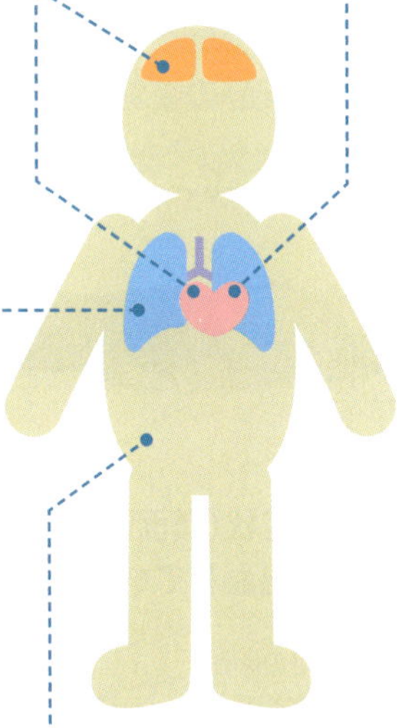

呼吸器の病気

- 喘息の人は急に乾燥した冷たい空気を吸い込まないように注意する。
- 登り坂を健常者と同じ速度で歩けない人が2400m以上の高所に行く場合は、主治医に相談する。
- 睡眠《すいみん》時《じ》無《む》呼吸《こきゅう》症候群《しょうこうぐん》の人は高所で低酸素症を起こしやすいので、専門医に相談する。
- 自然《しぜん》気胸《ききょう》を起こしたことがある人は繰り返しやすいので、高所登山の場合は注意。

糖尿病と肥満

- コントロールが悪く、HbA1c（ヘモグロビン・エーワンシー）が8.5%以上、網膜症《もうまくしょう》が進行している人は登山しないこと。

▶ P.36 脱水

病人とケガ人の寝かせ方は

適切な寝かせ方で**安静**にさせる

ポイント

- 意識の有無や、呼吸の状態、ケガの部位によって、適切な寝かせ方がある
- 病人やケガ人の容態をよく見て、寝かせ方を判断する
- 傷病者は低体温症になりやすいので、保温にも注意する
- ①〜⑤までは意識のある場合で、⑥は意識のない場合

意識があるとき

①基本的な安静の姿勢【あおむけ位】

枕を使わずにあおむけに寝かせる。

②ショック症状（顔面蒼白、脈拍が速く弱い）や、下肢から出血しているとき【足高あおむけ位】

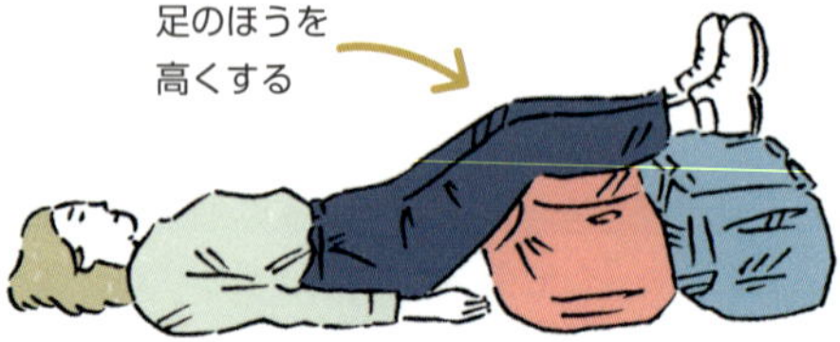

あおむけにして、足のほうにザックなどを入れて高くする。

③頭のケガや脳卒中のとき【頭高あおむけ位】

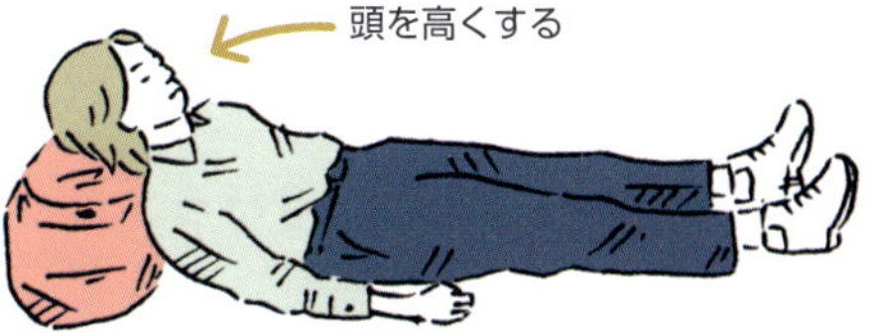

あおむけにして、ザックなどを枕にして、頭を高くする。

④腹痛や腹部をケガしたとき【膝屈曲位】

あおむけにして、膝の下にザックなどを入れて膝を立てる。
腹壁の緊張を和らげる効果がある。

⑤呼吸困難のとき【起座位】

上体を起こして後ろによりかからせる。

意識がないとき

⑥意識がないとき、嘔吐するとき【うつぶせ横向け位】

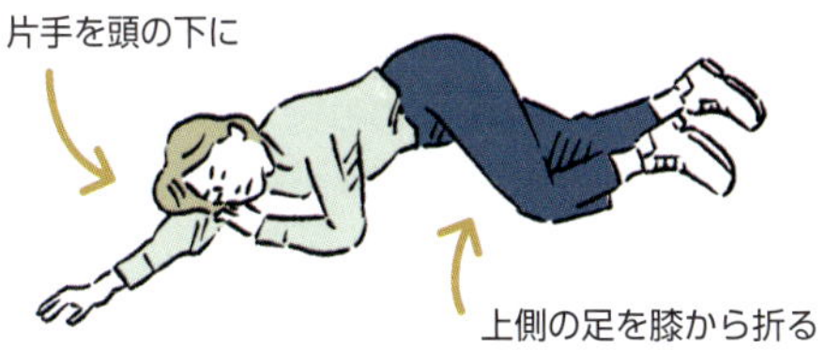

横に向かせ、あごを少し突き出すようにし、片手を顔の下に入れる。
上側の足を膝から折るようにする。
気道が確保されやすく、嘔吐物を肺に吸い込むのを防ぐ。

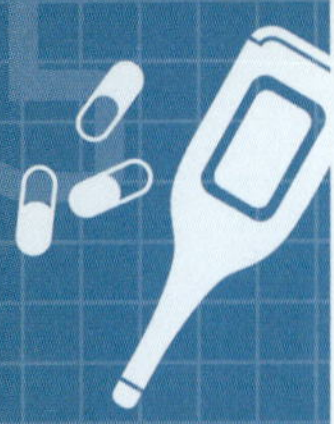

負傷者の意識がなくなったら

反応がない場合は心肺蘇生法を行う

ポイント

- 肩を軽く叩きながら名前を呼び、大きな声で呼びかける
- 山小屋があればAED（自動体外式除細動器《じどうたいがいしきじょさいどうき》）を手配する
- 携帯電話が通じれば救助を要請する

NG

×ガクンと揺れるほど大きく首を揺さぶらない！

【心肺蘇生法】手順

反応なし

↓

いつものような呼吸をしていなければ
大声で呼ぶ、AED・救助要請

↓

心肺蘇生
（胸骨圧迫30回＋
人工呼吸2回を繰り返す）

↓

AED装着（音声指示に従う）

↓

電気ショック 1回 ／ **電気ショック** 不要

（いずれも心肺蘇生へ戻る）

- 反応と呼吸がなければすぐに胸骨圧迫《きょうこつあっぱく》をする。
- 人工呼吸はしなくてもよいとされる。その理由は胸骨圧迫でもかなりの換気はできること、人工呼吸は感染の危険があるからだ。
- ただし小児、おぼれた人、雪崩埋没者は呼吸停止による心肺停止が多いので、必ず人工呼吸をする。
- 頸動脈《けいどうみゃく》の拍動の触知は、一般の救助者は不要とされる。

反応がない ➡ 胸骨圧迫と人工呼吸

❶胸の中央（胸の真ん中にある胸骨という固い平らな骨の下半分）に、手を重ねて置く。
❷ 100 回／分以上の速度で、5cm 以上の深さに沈む強さで、真上から圧迫する。
❸圧迫時に肘が曲がらないように、両腕と肩は三角形の形を維持する。
❹胸骨圧迫を 30 回したら、素早く気道確保して、人工呼吸を 2 回、これを繰り返す。

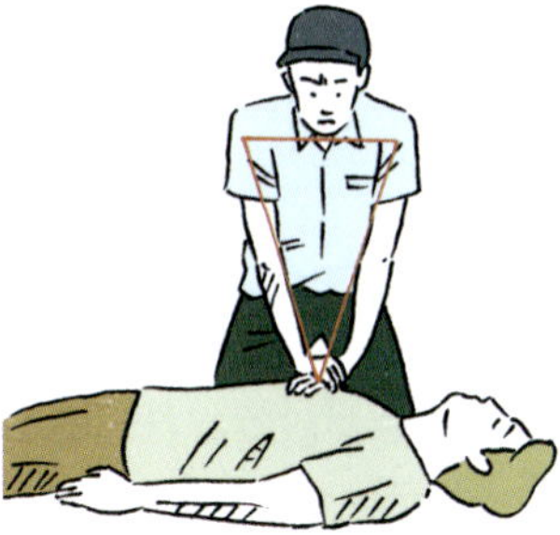

- 他に救助者がいる場合は 5 サイクル（約 2 分）ごとに交替する。
- 胸骨圧迫は、救援隊が到着するまでか、AED が届くまで続ける。
- 心拍再開の目安は、負傷者が、手足などの身体を動かしたり、声を出したり、呼吸を始めた場合で、それ以上、胸骨圧迫をしなくてよい。

呼吸がない ➡ 気道確保、人工呼吸

- 頭を後ろに傾けて、あご先を引き上げると、下あごと舌が引き上げられて、気道が開いて息を吹き込めるようになる。
- 気道を開いてから、胸が上がるのを確かめ、鼻をしっかりとつまみ、1 秒かけて息（呼気）を吹き込む。
- 人工呼吸だけを行う場合は 5 ～ 6 秒に 1 回、息（呼気）を吹き込む。

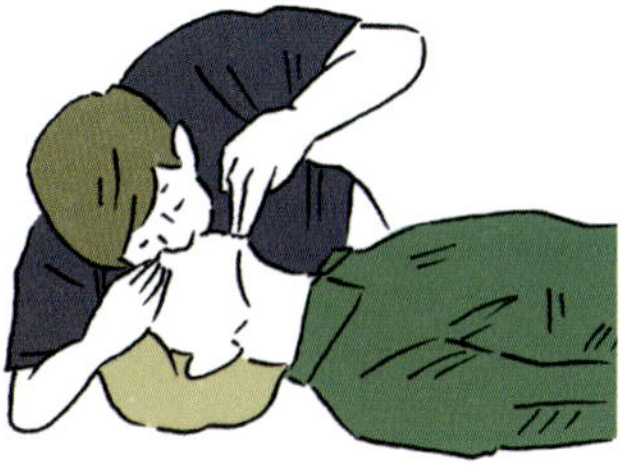

▶ P.96 AED　▶ P.108 救助要請

Column

AED（自《じ》動《どう》体《たい》外《がい》式《しき》除《じょ》細《さい》動《どう》器《き》）

AED はケイレン状態（心室細動）の心臓に除細動（電気ショック）の一撃を与えて、正気づかせてくれる器械です。AED が設置されている駅や山小屋も増えました。トレイルランやマラソンレースでも AED で救命された例が数多く報告されています。

AED は患者の胸に電極を貼ると、自動的に心電図を解析し、どうすればいいか音声で指示してくれます。除細動が必要なら、ボタンを押すように指示します。しかし心電図の波型がフラットになってしまう状態（心静止）には電気ショックは効きませんので、電気ショックではなく、心臓マッサージ（胸骨圧迫）を続けるように指示します。一般の方でも容易に、誤りなく使うことができます。

電気ショックは早ければ早いほど救命される確率が高く、1 分遅れると救命率が 7 ～ 9 %ずつ低下します。一刻も早く電気ショックが行われることが必要です。

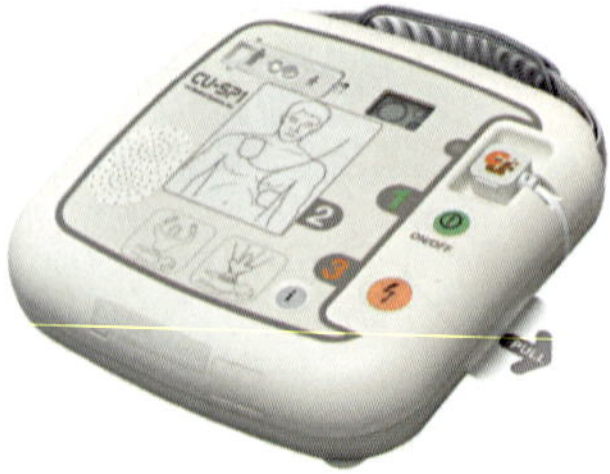

使用するときは AED 装置の指示に従う。

▶ P.94 心肺蘇生法

PART 6

遭難・事故時の行動

CONTENTS

Column

道に迷ったと思ったら

早めに引き返す決断をする

ポイント

- 道の分岐では地図と道標で位置を確認する
- 迷ったと思ったら早めに来た道を引き返す
- 体力を温存し、必要に応じて救助要請

NG

- ×地図を見ずにあわてて歩き回るのは危険
- ×沢や谷に下ってはいけない

【道迷いの対応】手順

来た道はわかるか

- **来た道がわかる** → **来た道を引き返して本来のルートに戻る**
- **来た道がわからない** → **地図を確認する**
  - ●近くの開けた高い場所を探し、地図と地形を見比べる。
  - → **現在地がわかった** → **来た道を引き返して本来のルートに戻る**
  - → **現在地がわからない！**
    - ●あわてない。道のないところを下らない。やたらに歩き回らない。
    - ●自力では無理と思ったら救助要請をする。体力温存が大切。

道迷いの対応 ➡ 登れば生還、下れば遭難

- 迷ったと思ったら、早めに来た道を引き返す。「ここまで来たから」と進んでしまうのは危険。
- あせりは禁物。あわてて近道をして戻ろうとすると、さらに深みにはまることがある。
- 下山中でも、高い方向、山頂や尾《お》根《ね》の見晴らしのよい高い場所を目指す。
- 谷や沢へ下ってはいけない。下れば人里に出られると思いやすいが、滝や崖に出てしまって進めなくなる危険がある。「登れば生還、下れば遭難」だ。

夜間に道に迷ったら ➡ 早めのビバーク

- 暗くなってから歩くのは危険。足元が見えず、危険な場所がわからなくなる。適地を見つけて早めにビバークする。
- 救出を信じて、冷静に行動する。
- ヘッドランプを早めに点灯する。足元が見やすくなる。また、ヘッドランプは遠くから見え、発見してもらいやすくなる。

暗くなってきたら早めにヘッドランプを点灯する。

道迷いを回避する ➡ こまめに地図やGPSで確認する

- 道の分岐では地図と道標で位置を確認する。
- 常に周囲の地形を観察しながら歩く。
- GPSを携行する。GPS機能付きスマートフォンもある。使いこなせるようにしておく。

▶ P.100 地図の読み方　▶ P.102 ビバークの方法　▶ P.108 救助要請

迷ったときの地図の読み方は

周囲の地形と地図を見比べて現在地を確認する

ポイント

- 常に周囲の地形と地図を見比べて現在地を確認する
- 地図とコンパスを使ってこまめにチェックする
- 地図の北とコンパスの北をあらかじめチェックしておく

NG

×地図とコンパスをザックの奥にしまってはいけない
×予定コース周辺の地図だけでは地図から外れる危険がある
×縮尺が５万分の１の地図は詳しい地形がわからず不向き

周囲の地形を読む ➡ 地図とコンパスを見る

- 国土地理院の２万５千分の１の地形図や、山域別の１枚ものの登山地図がよい。
- 等高線から山頂、尾根《おね》、谷などを読み取る。
- 間隔が狭いところは急斜面で、広いところはゆるやかな斜面。
- ２万５千分の１の場合、等高線の間隔は10m、長さ1cmは水平距離で250m。
- 電波塔、三角点（地図上の△の記号）などもよい指標になる。

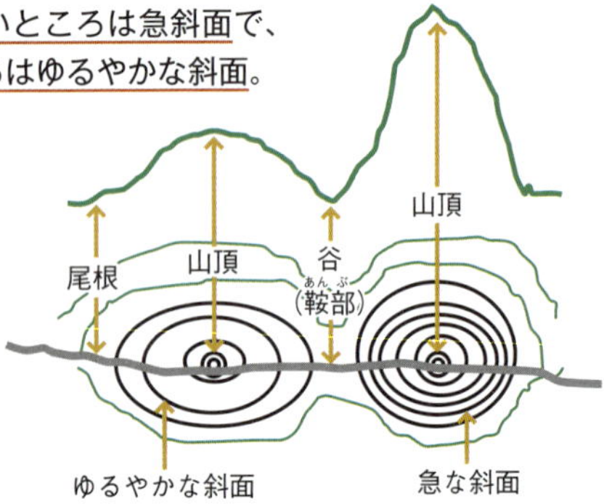

コンパスで方位を知る方法 ➡ まず地図とコンパスの北を確認

- 地図の上にコンパスを当てて、地図を北に向ける。周辺の地形と照らし合わせる。
- 地図の北（真北）とコンパスの北（磁北）は少しずれがあり、磁北は西寄りにずれている。あらかじめ磁北線を地図に引いておく。

地図の北とコンパスの北のずれは北海道で９度、東京で７度、沖縄で５度。

腕時計から方位を知る方法 ➡ コンパスがないか壊れた場合に便利

❶腕時計の短針を太陽の方向に向ける。
❷文字盤の 12 時と短針の目盛の中間点方向がおよそ南になり、その 180 度反対が北になる。

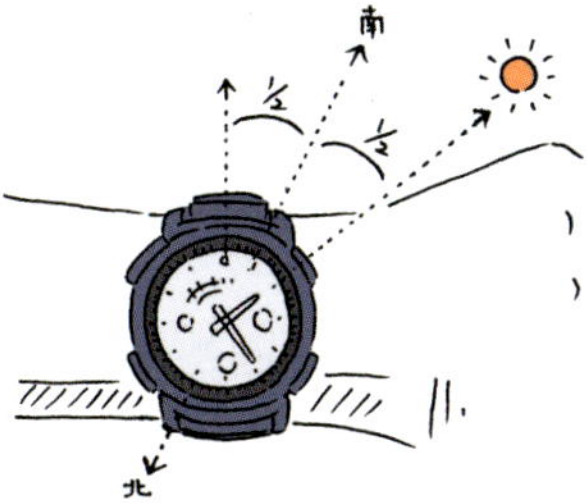

たとえば太陽が２時の方向にあれば、南は１時で北は７時の方向になる。

地図で迷わないために ➡ 広く山域をカバーする地図も用意

- 登山地図は登山ルートや所要時間など細かい情報が記載されている。また、最近はネットで地図をダウンロードできるが、いずれも縮尺に注意。
- 予定コース周辺だけの地図のみでは、周囲の地形が読めず、道に迷ったときに地図から外れてしまう危険がある。

▶ P.98 道迷い

野営（ビバーク）しなければならないとき

不意のビバークにはツエルトが便利

ポイント

- 安全にビバークできる場所を探す
- 着ることができるものは着て、防寒対策をする
- ツエルトは軽いので常に携行しておくとよい

NG

×沢や河原でのビバークは急な増水の危険がある！
×落石の危険のある崖や、岩場の下も避ける

【ビバークの場所選び】

GOOD

◎雨風の影響を避けられ、ツエルト（簡易テント）を張れる広さがある場所。なければツエルトを被るだけでも効果がある。

◎ハイマツ帯や樹林帯は風を避けられる。

BAD

×沢や河原は上流で雨があると急に増水して危険。

×落石の危険のある崖や岩場の下は避ける。カモシカやサルなどの野生動物が岩場を移動して落石を起こす場合がある。

【ツエルトを使ったビバークの方法】

ツエルトを固定する

四隅をしっかり固定。ペグがなければ重い石などで代用する。

ポールを立てる

ストックやしっかりした木の枝などを利用するとよい。

ビバーク中の注意 ➡ 体力温存を最優先に

- 不意の露営なので、体力を失わないように温存することが重要。
- ツエルトは緊急時用なので防寒・防水は十分ではない。
- ツエルト内で傘を広げると居住空間を広くすることができる。体力を失わないように少しでも快適にする工夫をする。

防寒対策 ➡ 体温を奪われないようにする

- 寒さは急激に体温と体力を奪う。防寒衣類などはすべて着て、身を寄せ合って身体の保温に努める。
- ツエルトのすそを靴で踏んづけて、風の吹き込みを防ぐ。
- 地面から体温を奪われやすいため、ササやフキなどの葉や、やわらかい木の枝を地面に敷く。
- 携帯用カイロの使用や中身を出したザックに足を入れるなどの工夫も有効。

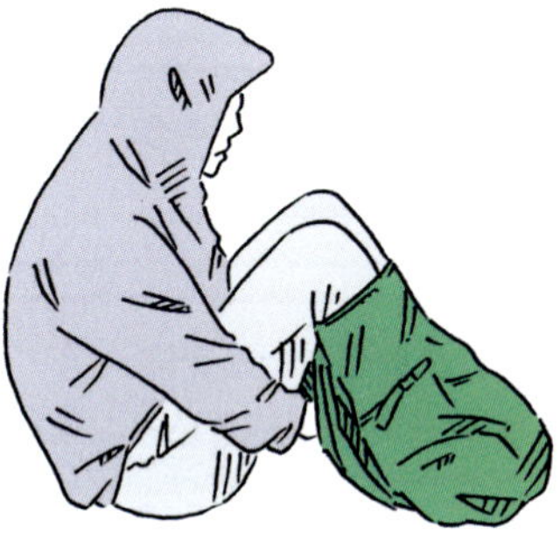

防寒を工夫して保温に努める。

ポールの固定

風が強く吹いてもつぶされたり飛ばされないようにしっかり固定する。

ツエルトに入る

雨具や着替えを着込んで少しでも暖を取る。

▶ P.98 道迷い

転落・滑落（転滑落）・転倒してしまったら

搬送までの**時間短縮**が勝負

ポイント

- 自分たちが転滑落の現場に安全に行けるか判断する
- 負傷者の状態、痛みの部位や程度をチェックする
- 原則として負傷者を安静にさせて、救助要請する

NG

×不用意に負傷者を歩かせたり移動させない
×体力を過信しない

自分が滑落したときは

- 頭を両腕で抱え込み、頭を保護することが重要。
- 背中のザックがクッションになるように背を下にする。

【救助の方法】 手順

救助可能か判断

↓

現場に行けない
●救助要請する。転落者に声をかけ、応答があったら元気づけながら、状態を観察する。

↓

救助要請

現場に行ける
●転落場所が危険な場合は救助者と転落者の身体を木の枝などに結んで確保する。負傷者の状態、痛みの部位や程度をチェックする。

↓

自力で救助できる場合
●ケガが軽症で、負傷者の状態が良く、歩ける場合は、注意深く補助しながら滑落開始地点まで戻る。

転滑落の救護 ➡ 正面から声をかける

- 二重遭難を防ぐために、自分たちが現場に安全に行けるか判断する。
- 現場に行けた場合は、正面から負傷者に声をかけるようにする。後ろから呼びかけると、振り返ろうとして首をひねってしまう危険がある。
- 転滑落した場合は重症を負う場合が多いので、負傷者を安静にさせる。医療機関への一刻も早い連絡と搬送が必要な場合もある。

緊急時の搬送 ➡ 医療機関の指示に従う

- 骨折していたり、内臓にダメージを受けている場合がある。胸腹部を強打していた場合、内臓から徐々に出血し、歩かせると出血がひどくなる危険がある。軽症に見えても不用意に移動させない。
- 医療機関への連絡は、負傷者の状態について、必要な情報を正確に伝える。意識があるか、骨折していないか、頭や首を打っていないかなどが重要。

救助が来たら正確に情報を伝える。

転倒・滑落の予防 ➡ 下山時の疲労に注意

- 転倒・滑落事故は下山時に多い。長時間の歩行による筋肉疲労やバランス失調が原因。暗くなると足元も見えにくくなる。中高年者に多く、筋力、バランス、視力の低下が影響している。
- 普段から下肢筋力のパワーアップとバランス力の維持向上を目指したトレーニングを行う。暗くなるまで歩かないなど、適切にプランニングし、体力を過信しないことも必要。

下山時に油断して足を滑らせないように注意。

▶ P.92 寝かせ方　▶ P.108 救助要請　▶ P.140 トレーニング

負傷者を運ぶ方法は

負傷者の状態と状況に合わせた搬送方法を選ぶ

ポイント

- 意識はあるかなど、負傷者の状態を確認する
- 自力で歩けるか、搬送が必要か、救助を呼ぶか判断する
- 必要な用具を作成する

NG

×首から上、背骨、骨盤にケガをした負傷者は動かさない
×無理をして搬送してはいけない

【搬送方法】 手順

- 負傷者のケガの状態を把握する。ポイントは、意識があるか、自力で歩けるか。
- ヘリコプターは、天候次第で飛来できない場合がある。夜間も飛べない。
- 首から上、背骨、骨盤にケガをした負傷者は無理して搬送せず、ヘリ救出を待つ。
- 搬送は体力を使う。できる限り多くの人手を集めて背負い搬送を行う。

ケガや病気の程度を把握

- □意識がない場合 □首から上、背骨にケガをしている場合 → ヘリを要請（ヘリ搬送ができないときは背負い搬送）
- □意識はあるが、歩けない → ヘリ搬送ができないときは背負い搬送
  - 距離が短い→おんぶで搬送
  - 距離が長い→ザック搬送
- □意識があり、自力で歩ける場合 → 自力で歩いてもらう

ザック搬送 ➡ ザックで搬送用具を作る

準備するもの

●ザック
●ストック
●マットや防寒具

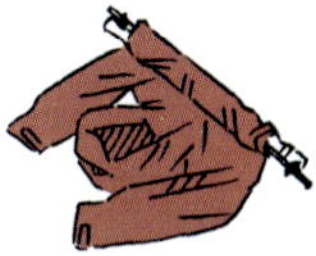

作り方

❶ザックを空にする。
❷ストックを防寒具やマットで巻いてくるむ。
❸ザックの肩ベルトを伸ばし❷で作ったストックを通す。

ストックの両端を長めに出す。

背負い方

❶肩ベルトをいっぱいに伸ばして、ザックを背負う。
❷負傷者はストックに座って、救助者に背負われる。
❸負傷者は救助者の肩に腕を回し、しっかり密着する。
❹必要に応じて、負傷者と救助者を衣類などで巻く。

●背負うときは負傷者を山側にして、転落を防ぐ。
●負傷者の身体に当たって痛い部分には、早めにタオルなどのクッションを当てる。
●ストックの両端を長めに出して、補助者２名が両脇からストックを支え持つと、重量を分担できる。

椅子になるストックの両脇を補助者が支える。

▶ P.78 頭を打った ▶ P.108 救助要請

救助要請をするときは

負傷者(病人)の状態をしっかり把握して救助要請する

ポイント

- 事故の状況と負傷者(病人)のケガの状態を把握する
- 自分たちで処理できないと判断したら、救助要請する
- 救助要請するときは、警察へ連絡する

NG

×軽症な場合には安易に救助要請をしない

【救助要請の前にすること】

- 事故の状況と負傷者(病人)の状況をしっかり把握する。
- 負傷者(病人)に意識がない、動かせないなど、自分たちで処理できないときは、救助要請をする。
- 負傷者(病人)を保温して、止血や固定などのできる範囲の応急処置を施す。
- 救助が来るまで負傷者を励まして元気づける。

負傷者(病人)の状況の把握は救助要請の際に必須。

【救助要請の手段】

- 携帯電話を活用する。サービス会社や機種によって受信状態が異なるので、メンバー全員の携帯電話の受信状況を確認する。
- 携帯電話が通じなければ、メンバー1~2名が山小屋に連絡に行く。負傷者には付き添いを残す。
- 必要に応じて他のグループの助けを借りる。

連絡先は？ ➡ 110番をする

●遭難事故は警察が統括している。事前に現地の警察の電話番号を調べて、携帯電話に番号を入れておき、警察に連絡するとなおよい。

何を伝えるか

- □**事故が発生した場所(現在地)**
- □**負傷者(病人)の身元**　→氏名、年齢、連絡先、所属団体など
- □**負傷者(病人)の状態**　→意識があるか
- □**事故の概要**
- □**救助要請者の氏名、連絡先**
- □**現場との通信手段は何か**
- □**ヘリコプターの出動要請**

ヘリコプターが近づいたら

目印になる衣類を大きく振ってヘリに場所を知らせる。

●事故現場が把握できない場合は、どこから来て、どこへ向かっていたのか、いつどこを通過したか、周囲の地形などを伝える。

●通常ヘリによる救助が行われるが、悪天候（雲が多い、風が強い）や夜間には飛ぶことができない。

●ヘリが飛来した場合、派手な色合いの服などを振って場所を知らせる。

【救助要請の留意点】

●ヘリには警察署や消防署の公共のものがあるが、来られない場合は民間ヘリが救助に向かう。民間ヘリは有料で費用は遭難者が負担するため、各自保険に加入しておく。

●救助要請に家族の承認が必要な場合がある。家族の連絡先電話番号を記入したメンバー表を全員が携行するか、携帯電話に入れておくこと。

▶ P.80 携帯電話　▶ P.94 心肺蘇生法

Column

山登りとGPS

GPSを使うと現在地を簡単に知ることができます。スマートフォンでもアプリをダウンロードすれば、GPSが使えるようになりました。また、カメラにGPS機能がついている機種もあります。最近では地図を持たずに、GPSを携行する人も見かけます。

GPSは衛星の信号を使うので、携帯電話が圏外でも受信できます。霧や雪で周囲が見えなくなり、現在地がわからなくなってしまったときに有能です。救助要請をするときにも正確に遭難地点を知らせることができます。また、最近の山行記録ではGPSのログを載せることが一般化しています。そうすることで個人のトレース（通ったルート）の記録を共有できるようになりました。ログはあとで記録を整理するときに便利な機能です。

しかし、GPS機器はバッテリーを多く消耗し、電池切れを起こす場合があります。また、デジタル機器ですから壊れる危険があります。このようなときは、地図を持たないでGPSだけを頼りにしていると、お手上げです。たとえば道なき道である、樹氷原のような障害ゾーンを示すことはできません。

地図は必ず携行し、GPSは補助のツールと心得ましょう。 読図の能力を身につけておくのも忘れずに。

▶ P.100 地図の読み方

PART 7

注意が必要な動植物

CONTENTS

Column

植物に かぶれてしまったら

最もかぶれが多いのはウルシ

ポイント

- 登山中にかぶれる植物はウルシが多い
- 症状はすぐに出ず、あとになって出る場合が多い

NG

×紅葉の美しさにつられて不用意に触れない
×肌の露出が多い衣類で山を歩かない
×かぶれた部位をかかない

【ウルシのかぶれ　症状と対処法】

ウルシにかぶれた
↓
患部を水洗いし、濡れタオルなどで冷やす
↓
副腎《ふくじん》皮《ひ》質《しつ》ホルモン軟膏《なんこう》を塗る
↓
下山後
早めに皮膚科を受診する

- かゆみをともなう炎症、水ぶくれなどの症状が出る。
- 症状はすぐに出ず、あとになって出る場合が多い。
- 副腎《ふくじん》皮《ひ》質《しつ》ホルモン軟膏《なんこう》（ステロイド軟膏）を塗る。抗《こう》ヒスタミン軟膏との合剤でもよい。虫刺されの軟膏などにも同じ成分が含まれているものが多い。
- ウルシ科の植物は樹液に触れるとかぶれることが多いが、とくにヤマウルシがかぶれやすい。

かぶれやすい植物

ヤマウルシ

- ウルシ科ウルシ属の落葉低木。
- 北海道から九州の山岳地帯に分布。

ツタウルシ

- ウルシ科ウルシ属。
- 北海道から九州まで分布。日当たりのよいブナ林などに生育。
- ツタウルシはツタに似たツル性の落葉木で、樹木や岩などにはい上がる。地面をはっていることもある。

ヤマハゼ

- ウルシ科ウルシ属の落葉低木。
- 関東以西から九州、沖縄に分布。5月ごろ黄緑色の花が咲く。
- 公園に植えられていることもある。

かぶれを回避する ➡ 肌の露出を控える

- 長そでの衣類を着る。
- そばを通ったり、葉を焼いた煙に近づくだけでかぶれることがあるので注意。
- マンゴー、ギンナン、カシューナッツ、ピスタチオを食べて唇が腫れる人は、かぶれやすいので注意。ウルシに同じ成分が含まれている。

▶ P.136 携行医薬品

虫に刺されたら ～ブヨ・ヌカカ～

虫よけ剤かハッカ油で防ぐ

ポイント

- 虫よけスプレーやクリーム、ハッカ油を用意する
- 春から初秋は虫の活動期なのでとくに注意
- 人によってはアレルギー症状を起こすこともある

NG

×肌の露出の多い服を着てはいけない

【虫刺され　予防法】

- キャンプ場や水辺（沢や渓流）で刺されやすい。
- ポリエステルなどの樹脂製品の衣類を着る。ウール製品は避ける。
- 肌の露出を避ける。上着、シャツの手首のまくれに注意。
- ズボンのすそを靴下や靴の中に入れる。

【ブヨ・ヌカカ　回避術】

虫よけスプレーとハッカ油。

- ブヨには、ハッカ油が効果的。虫よけスプレーやクリームは蚊用なので効果が少ない。
- ヌカカには、ハッカ油、虫よけスプレーやクリームを肌に塗る。
- 虫よけには、ディートと呼ばれる農薬が入っているものが多いので注意。ハッカ油やミントなどオーガニックなものが安心。なお、ハッカ油は薄めて使う。

ブヨ

体長：約 2.5 ～ 3mm 程度

刺されたときの症状

- 刺された部位の中央に小さな出血痕が見られ、周囲が数日間赤く腫れ上がる。
- 蚊と違い、皮膚を破って吸血する。刺されたときに若干の痛みを感じる。

刺されたときの対処法

- 抗《こう》ヒスタミン軟膏《なんこう》か副腎皮質《ふくじんひしつ》ホルモン軟膏《なんこう》を塗る。
- 毒液を指で絞り出す。かくと腫れが引きにくく、痕がシミになる場合があるのでかかない。

刺された後の経過の例

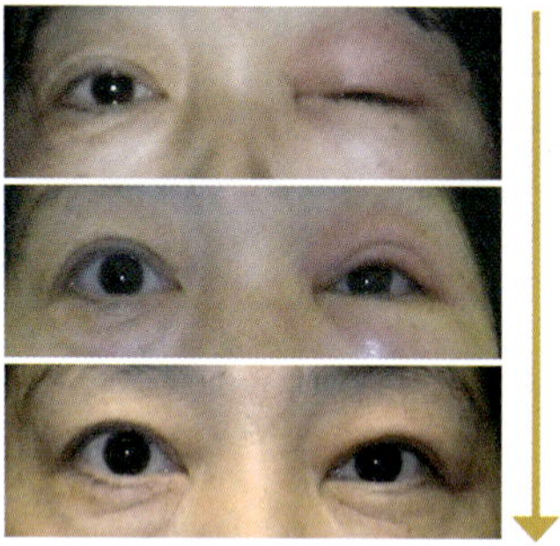

上から 24 時間後、30 時間後、58 時間後の経過。蚊に比べて腫れがひどく、おさまるのに時間がかかる。

ヌカカ

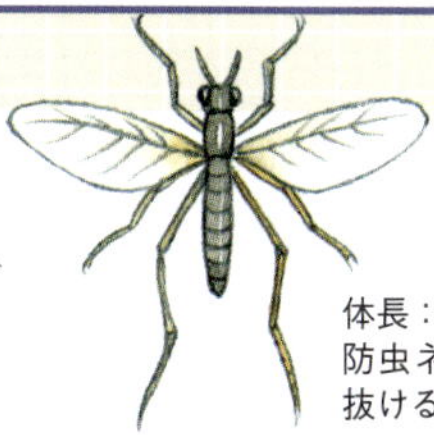

体長：1.3 ～ 2mm
防虫ネットをすり抜けるほど小さい

刺されたときの症状

- 刺された直後は感触がないが、翌日以降に腫れとかゆみが起こり水ぶくれができる場合もある。
- 水辺で一塊の集団（蚊柱）になっていることが多く、蚊柱をうっかり通ると、大量に刺される。

刺されたときの対処法

- 抗ヒスタミン軟膏か副腎皮質ホルモン軟膏、またはこの合剤を塗る。

刺されたときの症例

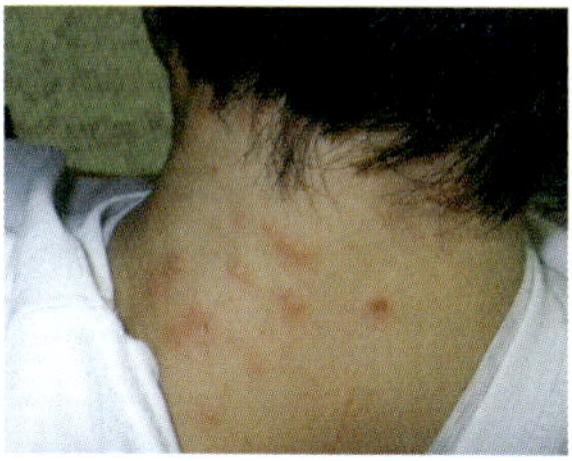

蚊柱を横切って首筋を刺されたときのもの。

▶ P.136 携行医薬品

マダニに刺されてしまったら

こまめなチェックと早めの処置を行う

ポイント

- 刺されたらなるべく早く取るのが望ましい
- マダニが媒介する感染症は重症になるものもある
- 主に３月～ 11 月は要注意

NG

×肌の露出の多い服装をしてはいけない
×刺された場合、無理に取ろうとしない

【刺されたときの対処法】

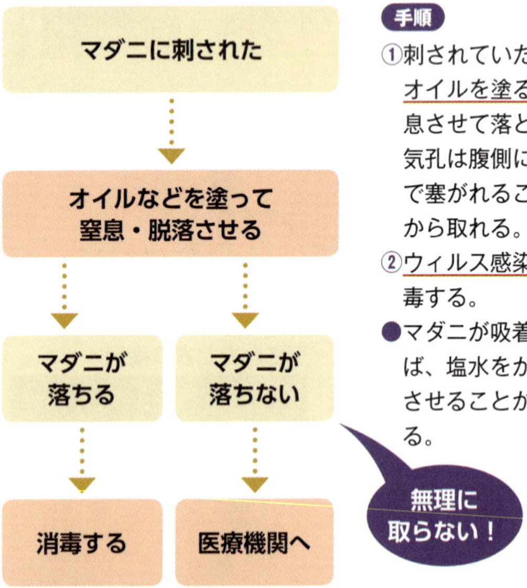

手順

①刺されていたら、ワセリンやオイルを塗ることでダニを窒息させて落とす。ダニの呼吸気孔は腹側にあり、気孔が油で塞がれることにより、皮膚から取れる。

②ウィルス感染予防のために消毒する。

●マダニが吸着して間もなければ、塩水をかけることで脱落させることができる場合がある。

マダニ

- やぶの草の葉の裏などに潜み、呼気や体温、動きに反応して吸着する。
- 1～2週間程度、吸着して吸血を続ける場合もあり、満腹になった後、マダニは離れる。
- イエダニの10倍と大きいため、肉眼で確認できる。

体長：2 ～ 5mm

刺されたときの症状

- 自覚症状は少ないことが多い。
- 患部が赤く腫れ、頭痛や発熱、筋肉痛をともなうこともある。
- マダニが媒介する感染症としてライム病や日本紅斑熱《こうはんねつ》があるが、これらは重篤《じゅうとく》なものではない。しかし、最近、重症熱性血《じゅうしょうねっせいけっ》小板減少症候群《しょうばんげんしょうしょうこうぐん》が知られるようになった。西日本で死亡例が報告されているので注意。

マダニを落とすときの注意点

- マダニはセメント様物質を口から出して皮膚にしっかりと吸着する。固まるまでに半日程度かかる。固まる前に取ることが望ましい。
- 無理に取り除こうとするとマダニの口が皮膚に残ってしまう場合がある。皮膚に残ると炎症を起こすので、無理に取らずに医療機関で切開除去してもらう。

マダニを回避する ➡ こまめにチェックする

- 草むら、やぶには不用意に入らないようにする。
- やぶに入るときは肌の露出に注意する。
- 草地にじかに座らない。
- 休憩時にこまめにチェックし、帰宅後も確認。

とくにチェックしたい部位

- □首の周り
- □わきの下
- □わき腹
- □太ももの内側

▶ P.136 携行医薬品

ハチに刺されたら

アナフィラキシーショックに用心！

ポイント

- ハチの巣に近寄らない。スズメバチはとくに注意！
- 夏から秋の活動期はとくに油断禁物

NG

×香水や整髪料はハチの興奮を誘うので危険
×口内に傷があると危険なため口で毒を吸い出そうとしない

【刺されたときの対処法】

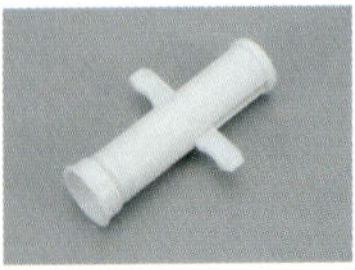

吸引器
（ポイズンリムーバー）

❶すぐに傷口を水で洗浄する。毒液を指で絞り出すか吸引器で吸引する。吸引すると大量の毒による作用は和らげられるが、アナフィラキシーショックは少量の毒でも起きるので注意。

❷抗ヒスタミン薬や副腎《ふくじん》皮質《ひしつ》ホルモン軟膏《なんこう》を塗る。内服薬があれば内服。

【アナフィラキシーショックに注意】

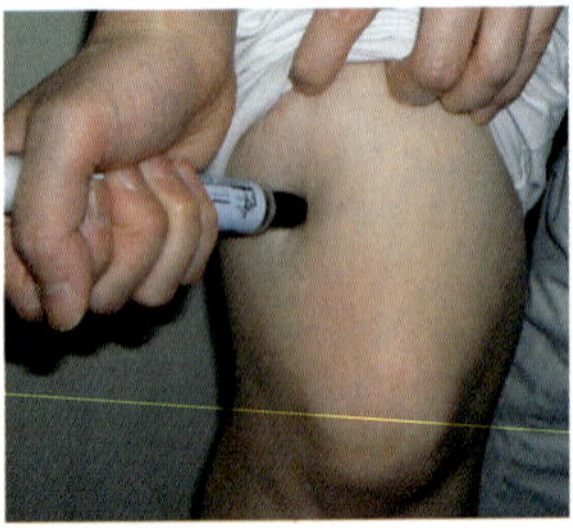

ハチに刺されたことのある人はエピペンを携行する。

- スズメバチに刺されたことがある人が再度刺された場合、重篤《じゅうとく》なアナフィラキシーショックを起こすことがある。
- 蕁麻疹《じんましん》がひどい、呼吸が苦しい、意識がないなどの症状があれば、至急救助を要請する。
- 「エピペン」はアナフィラキシーショックに使われる自己注射液で、太ももに注射する。

スズメバチ

体長：3～4cm

- 猛毒を持ち、攻撃性が強く、何度も刺してくる。
- 巣の周囲に近づくと警戒態勢に入る。
- 黒いものに攻撃性を刺激される。夜間には白いものにも攻撃する。
- スズメバチに刺され、重篤なアナフィラキシーショックを起こす確率は0.5~5%程度。

スズメバチの巣には近寄らない。

スズメバチ予防法

- 肌の露出を抑え、中間色の服を着て､黒色以外の帽子をかぶる。
- 甘い飲み物に寄って来るので放置しない。容器は水洗いする。

スズメバチのいざというときの避け方

- スズメバチは､「カチカチ」という警戒音をたてるので、耳にしたら速やかに退避する。
- スズメバチに襲われた場合、上下の動きを苦手とするので、体勢を低くしてやり過ごす。

体勢を低くしてスズメバチを避ける。

他のハチにも注意 ➡ ミツバチやアシナガバチ

- 毒性と攻撃性はスズメバチほどではないが、巣に近づくと刺される場合がある。
- ミツバチやアシナガバチでも、アナフィラキシーショックを起こす場合がある。

▶ P.108 救助要請

サル・クマ・イノシシに遭遇したら

咬まれたら洗浄、消毒して医療機関へ

ポイント
- まず遭遇を回避する
- 爪や牙に注意する

NG
- ×食料をテントの中に持ち込まない
- ×不用意に近づいて触れようとしない

【野生動物のすぐ近くに寄らない】

爪や牙には破傷風菌《はしょうふうきん》などの細菌がついており、咬まれると感染を起こしやすいので注意する。咬まれたら、しっかり洗って消毒し、速やかに医療機関を受診する。抗生物質（ケフラール、クラビットなど）があれば内服する。

サル

- サルは集団を作って生活している。テリトリー（縄張り）を侵さないようにする。爪や牙に注意。

対策

- 鳴き声を聞いたらその場を離れる。

出会ってしまったら

- あわてて逃げ出す、サルの目を見つめる、大きな声を出すのは禁物。
- サルに囲まれたら、大きく伸びあがり、手足を広げて自分を大きく見せながら後退する。
- サルに当たらないように、石を投げて威嚇《いかく》しながら後退する。

クマ

- ヒグマは気性が荒い。ツキノワグマも大型なので危険。爪や牙の一撃は致命傷になる場合がある。
- 子連れの場合などは警戒心が増していて危険。
- 冬眠前後の空腹時期に注意。
- 食料を求めてキャンプ地にも現れることがある。

対策

- 出会いがしらの遭遇を避けることが重要。早めにこちらの存在を知らせるために、鈴やラジオなどの人工的な音をたてたり、大声で話したり、歌うなどする。
- 食料はテントに持ち込まず、離れた木の枝に吊るすなどしておく。

出会ってしまったら

- あわてて背中を見せたり叫んだりせず、動かない。
- 攻撃の気配がなければ静かに後ずさりする。
- いきなり襲いかかってきた場合、ザックで背中を守り、手を頭の後ろで組んでうつ伏せになる。

イノシシ

- 夜行性だが、人気がない場所では日中の活動もする。
- イノシシは牙と突進してくる勢いに注意。足を骨折させられることが多い。

対策

- 茂みからガサガサと音がしたらただちに岩や木に上る。遭遇したときも木の上へ。

咬みつかれてしまったら

- 即座に致命傷にならなくても、狂犬病や破傷風など命に関わる病気に感染することがある。速やかに医療機関へ。

▶ P.60 すり傷、切り傷、刺傷

ヘビに遭遇してしまったら

早めに発見して回避する

ポイント

- ヘビを発見したら遠巻きにして近づかない
- 日本では高山帯に毒蛇はいない

NG

×毒液を口で吸い出すのは危険
×咬まれたら、すぐ下山して医療機関へ

【日本の毒蛇は３種類】

すべてのヘビが毒を持つのではなく、日本の毒蛇はハブ、マムシ、ヤマカガシの３種。マムシとヤマカガシは積極的に人を襲うことはないが近づかないこと。

ハブ

対策

■足元や、やぶだけでなく樹上にも注意が必要。
■神経質で攻撃的。飛びかかってくることもある。

体長：100 ～ 200cm 超
・奄美諸島や沖縄諸島に生息

症状と対処法

■咬まれた直後から激しい痛みと腫れがある。筋肉が壊死して後遺症を残す場合もある。
■血清の普及で、1980 年以降の死亡者は奄美と沖縄諸島で５名と少ないが注意する。

マムシ

対策

- 路肩などでじっとしていることが多い。あまり活発ではないので発見できれば回避できる。
- 岩場と色合いが似ているので、うっかり手をついたところにいると咬まれることがある。

体長：40 ～ 60cm
- 琉球諸島以外の全国に生息
- 褐色の銭形斑紋がある

症状と対処法

- 咬まれると2個の牙痕が残る。激痛があり、周囲がむくむ。
- 急変するようなことはなく、致死率は0.5%くらい。
- 毒液を絞り出すか、咬まれた手足の胴体に近い側を縛る。あまりきつく縛らないこと。
- 走らず、ゆっくり下山し、医療機関を受診する。

ヤマカガシ

体長：70 ～ 150cm
- 本州、四国、九州、大隈諸島などに生息

対策

- 河川や岩場、湿原など水辺では足元に注意する。岩場の穴にも注意。
- 性質は穏やかだが、不用意に触れると毒液を飛ばしてくることもある。

症状と対処法

- 咬まれても激痛や腫れを生じないが、出血が止まらなくなる場合がある。
- 毒液を浴びたら水で洗い流し医療機関へ。
- 咬まれたらすぐに下山して医療機関で診療を受ける。

▶ P.62 圧迫止血

Column

山登りとダイエット

山では体重が多いと膝に負担がかかって膝痛の原因になります。しかし、無理なダイエットは筋肉を減少させるうえに、リバウンドで脂肪を増やします。

運動しながら体重を落とすことが必要で、ダイエットに理想的な運動は、中程度の強さの運動を長く続けることです。中程度の運動を始めると、最初に炭水化物（糖質）が燃え始め、次いで脂肪が燃えます。山歩きは、この“中程度で長く続ける運動”にぴったり当てはまります。また、脂肪は運動開始後 30 分から燃焼し始めます。うまくダイエット効果を引き出すためには、30 分以上、できれば 1 時間程度、続けて歩くことです。そうすると、脂肪がよく消費されます。食べ物も炭水化物を摂り、脂肪の多いものを控えるといいでしょう。

さらに、高所は低温で酸素が少なく、エネルギー消費が増えますが、とくに脂肪がよく燃えることが知られています。そこにいるだけで、山歩きしなくても減量できるのです。

しかし、下山後に体重が増えていて、がっかりすることがよくあります。これは、下山直後は身体が浮腫《むくみ》を起こしていることが多く、いわば、水ぶくれの状態にあるためです。下山後、3 ～ 4 日経ってからの体重を見るようにしてください。

▶ P.140 トレーニング

PART 8

出発前のトラブル回避

CONTENTS

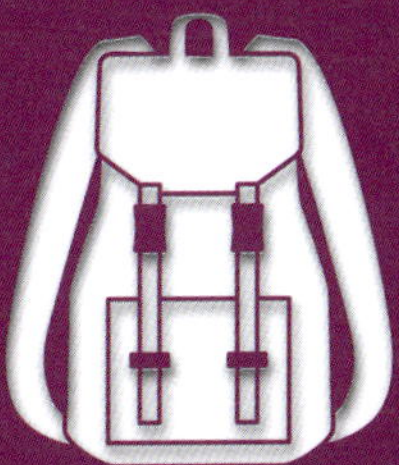

山の天気を予測するには

山の天気は変わりやすい

ポイント

- 山の天気は変わりやすく、天候の崩れが早い。午後に天気が崩れやすい
- 天気予報でおおまかな天候を把握してピンポイントへ
- 空模様、風の吹き具合、遠景の見え方などにも注意

NG

×たとえ好天が予測されても雨具は携行しなくてはいけない

【天候の基本】

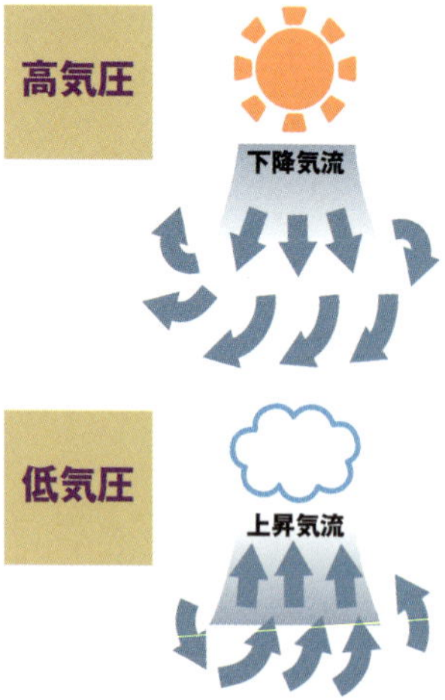

- 日本では西から天気が変化する。
- 高気圧が接近すると天気は快方に向かう。高気圧の内側は気流が下降するため。とくに東側は好天に恵まれる可能性が高い。
- 低気圧が近づいてくると天気は崩れる。低気圧の中心は上昇気流が発生するため。
- 気圧の高いほうから低いほうへ風が吹く。気圧差が大きいほど風が強くなる。

低気圧が近づくと天気が崩れ、
高気圧が近づくと天気が快方に向かう。

山の天気の特徴 ➡ 天候の崩れが早い

●山では午後に天気が崩れやすい。気温が上がると上昇気流が発生して、空気中の水蒸気が上空で雲になって雨を降らせるため。山の風上側斜面、前線付近で上昇気流が起こりやすい。
●山では天候が変わりやすく、平地よりも天気が早く崩れる。

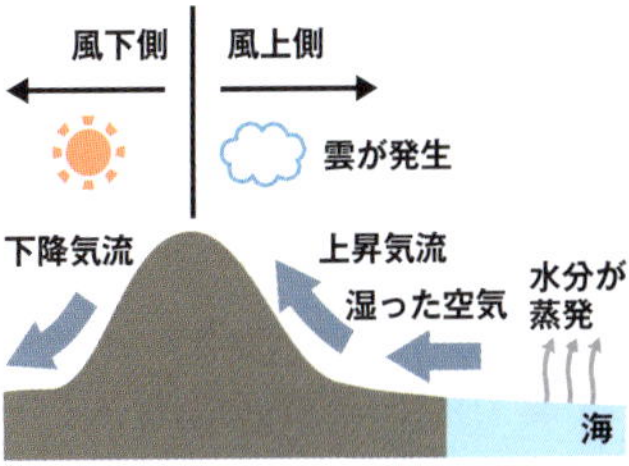

山では上昇気流が生じて、天気が変わりやすい。

天気予報のチェック ➡ 情報入手のポイント

●週間天気予報と天気図でおおまかな天候の流れを把握する。
●天気予報は平野の予報が主体で、山の天気は異なる場合が多い。
●山域別のピンポイント天気予報がWebから入手できる。有料サービスもある。

観天望《かんてんぼう》気《き》 ➡ 空模様、風の吹き具合、遠景などから天気予想

●入道雲（積乱雲）は雷雨、ウロコ雲（絹積雲《けんせきうん》）、スジ雲（巻雲）、レンズ雲、笠雲は天候悪化の可能性を示す。
●下り坂の兆候は、生暖かい風が吹く、沢音が近くに聞こえる、遠景が霞んで見えるなど。
●天気が崩れる低気圧は反時計回り、天気が快方に向かう高気圧は時計回りの風が吹く。

笠雲の例

富士山山頂で見られた笠雲。天候悪化の可能性がある。

▶P.10 天候の急変　▶P.16 天気予報Webサイト

山の選び方やプランニングの方法は

体力に合った山歩きをする

ポイント

- 山は自己責任なので、自分たちでプランニングすることが大切
- 体力的に無理なく、楽しく登れる山から始める
- 複数の情報元から情報を手に入れる

NG

×岩場、急な登りと下り、危険なトラバースなどがあるコースは避ける

【歩き始めの心得】

- ある程度の山のベテランに連れて行ってもらうか、山岳会に入る。
- 信頼できる会社のツアーやガイドつき登山に参加してもよい。
- 山はあくまで自己責任となるので、自分たちでプランニングすることも大切。

【初心者のコースの選び方】

- 自分たちの体力と安全性を考える。
- 他に登山者がいて、道がわかりやすい人気のあるコースにする。
- 岩場、急な登りと下り、危険なトラバースなどがないコースを選ぶ。
- 登りは３時間以下、全行程は５時間以下、距離は 6km 以下のコースがよい。
- 標高（海抜から山頂までの高さ）と標高差（山頂から登山口の高低差）に注意する。
- 標高は 1000m 前後、標高差は 500m 前後から始める。

プランニングの要 ➡ 登山届を忘れず提出

- 下山が午後２時までのプランにする。
- メンバーが体力的に無理なく、楽しく登れる山にする。
- 山に合う季節を選ぶ。ベストは春と秋。低山であっても、冬は雪があり、夏は暑いことがある。
- 天気のよい日を選ぶ。天気が悪いときは決して無理をしない。
- 出発時に登山届を出すのも忘れないようにする。
- 登山届に書くものは、代表者とメンバーの名前・性別・年齢・住所・携帯電話番号、非常時連絡先の人の名前・住所・電話番号、予定コース・出発時間・コースタイム・下山予定時間、おおよその装備など。

登山届を出そう

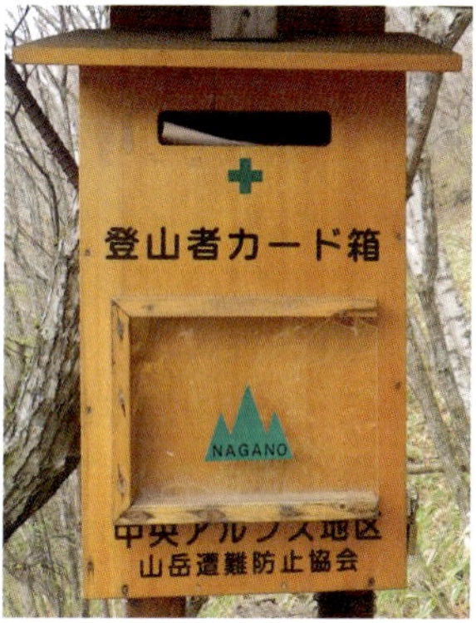

山域の登山指導センターや案内所、登山口の登山届ポストに提出する。

情報入手 ➡ 複数の情報元から情報を入手する

- ガイドブックを参考にして、標高差や難易度の目安にする。
- Web(インターネット)で入手する。情報の掲載時期が古いと状況が変わっているおそれがあるので注意。
- 地元の観光課に問い合わせてパンフレットなどをもらう。地元ならではの情報が多い。
- コース経験者から情報を聞く。

アクセスをチェック ➡ 下山後のお楽しみも

- アクセスも考える。交通手段(自動車、電車、バス、タクシー)が煩雑にならないようにプランする。到着が遅くなると下山の時間に支障をきたす。
- 下山後の温泉、食事のおいしいお店などのお楽しみをチェックしておく。

▶P.26 下り坂　▶P.28 岩場・ガレ場

山でのトイレの注意点は

トイレも予定時間に入れておく

ポイント

- 登山前にトイレへ行っておく
- 混雑するトイレを使う場合は予定にトイレ時間を組み込んでおく
- 屋外で用を足す場合は害虫に気をつけ、沢から離れ、最後は土をかぶせておく
- 使用済の紙はファスナーつきビニール袋に入れて持ち帰る
- ディスポ(使い捨て)の携帯用トイレも利用する

NG

×使用した紙を現場に捨ててはいけない

登山前の注意 ➡ 登山前にトイレへ行っておく

- 登山口にトイレがあるとは限らない。あったとしても混雑している場合がある。
- 駅のトイレも混雑していて、バスに乗り遅れることがある。
- 電車の場合はなるべく電車内で、車の場合はパーキングエリアなどで済ませておく。
- コンビニエンスストアのトイレも買い物がてら利用するとよい。

山のトイレの例

山小屋（左）と別棟のトイレ（右）の例。事前にコース上のトイレをチェックしておこう。

登山中の注意 ➡ トイレの予定、用を足す場所に注意

●人気のある山の女性用トイレは大混雑し、時間をとられることがあるので、予定にトイレ時間も組み込んでおく。

やむをえず屋外で用を足す場合

- **コースから外れた人目につかない場所で済ませる**
- **落ち葉が腐葉土になっているところがよい**
  →排せつ物が微生物で分解されるため
- **沢のそばは避ける**
  →沢から最低 10 mは離れて、水質汚染を避ける

注意

- **ヘビやハチ、マダニなどに気をつける**

マナー

- **用を足したら、土をかぶせておく**
- **使用済の紙はファスナーつきのビニール袋に入れて持ち帰る**　→トイレットペーパー、とくにポケットティッシュは分解されにくい

携帯用トイレ ➡ 持ち帰るのがベスト

●ディスポ（使い捨て）の携帯用トイレも市販されている。車の場合は渋滞時の対策にも使える。

●日帰り登山なら、自然を汚さない配慮をして、「お土産」は残さずに持ち帰るのがベスト。

携帯用トイレ。他にも登山用品店では、排せつ物処理用のグッズを置いているところもある。入れて持ち帰る。

▶P.116 マダニ　▶P.118 ハチ　▶P.122 ヘビ

山での衣類は

吸湿速乾性・透湿性の衣類を着る

ポイント

- 季節、天候、時間帯に合った山用の服装をする
- 下着、長そでシャツ、フリース、アウターなど重ね着が基本
- 下着は吸湿速乾性の山用のものを着る

NG

- ×木綿の衣類は乾きにくく、身体を冷やすので絶対に着ない
- ×ジーンズは動きにくく、濡れると乾きにくいので避ける

【山の衣類の基本】

- 服装は調節しやすいように重ね着（レイアリング）をする。
- 下着は吸湿速乾性のものを着る。冬は保温性も考慮する。
- パンツ（ズボン）は運動機能を考えて、伸張性のあるもの。
- ダウンウエアは軽く小さく、暖かいので、夏でも携行する。
- レインウェアはジャケットとパンツに分かれたタイプを用意する。

山での温度変化に対応できるように、レイアリングが基本。

衣類素材の選び方 ➡ 素材も考慮する

●山では大量の汗をかくので、とくに下着が重要。必ず山用のものを着る。
●夏の下着は吸湿速乾性があって軽量なポリエステルなどの新素材の化学繊維がよい。
●盛夏にはそれ１枚でも歩けるＴシャツも下着同様に選ぶ。
●冬の下着は化学繊維にウールを混ぜたものが、保温性に優れている。
●シャツやフリースは寒い季節は厚手のもの、夏は薄いものにする。
●アウターは防風・透湿性・撥水性の高い素材のものを着る。
●初心者は余計な衣類を持ちやすい。夏の日帰りなら防寒具はレインウエアを使うなど、工夫をする。
●最適なウエアは個人によって異なる。好みも入れて工夫する。

山に適さない衣類素材

木綿素材のものや、ジーンズは避ける。

靴下、手袋、帽子

●靴下は吸湿速乾性があって冷えないポリエステルとウールの混紡などがよい。
●手袋は発汗など水分によって発熱する素材が暖かい。寒い場合はアウターも併用する。
●帽子はつばのあるハットで、速乾通気性のあるもの。冬はウールや毛糸など保温性のあるものがよい。

体調を崩さないために ➡ 温度変化に合わせ、衣類を調節

●気温、風、運動状態などによってこまめに着脱して調節する。
●上着のチャックやえり元の開閉、スカーフなどでも調節する。
●夏は熱中症の予防のため、半そで、短いズボンでもよいが、長そで、長ズボンを携行する。

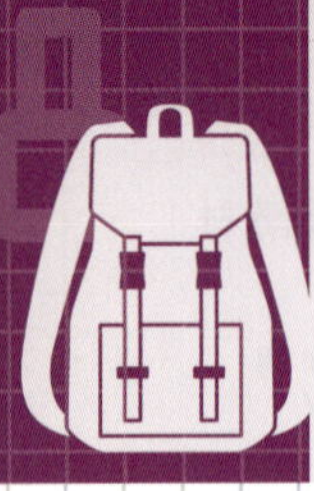

日帰り山行に必要な装備は

荷物はなるべく軽くする

ポイント

- 荷物は最小限にする
- 小分けにできる物はあらかじめ分けてから持って行く
- 必需品の他に趣味の物など、自分に合った物をそろえる工夫をする

NG

×便利でもあれもこれもとザックに目一杯詰めたりしない

【日帰り山行に必要な装備について】

- 装備は過不足なく準備し、できるだけ荷物を軽くする。
- 必需品と随意品がある。随意品はあると便利か、あれば楽しい物。
- 雨風や湿気などで荷物が濡れないように、ビニール袋や防水性の袋に仕分けして詰める。

【必需品のポイント】

- カメラは記念と同時に、記録代わりになるので携行したい。
- 腕時計は気圧計・高度計つきの物がよい。現在地が推定できる。
- 山行の記録をとるときに筆記用具が必要。ボールペンは寒いと役立たないことがあるので、鉛筆も携行する。メモ帳は防水の物を選ぶ。
- ティッシュペーパーは水に溶けにくいので、トイレットペーパーのほうがよい。

【随意品のポイント】

- タオル・手ぬぐいは通常は１枚でよい。汗かきの人の場合は、多めに持って行く。
- 趣味のスケッチ用品など、お楽しみも工夫したい。
- 下山に入浴の予定があれば入浴セット、洗面用具も持って行く。

日帰り山行の必需品チェックリスト

準備ができたらチェックして忘れ物がないか確認しよう。

	衣類
	シャツ
	下着
	ズボン
	防寒具＊1
	帽子
	手袋
	靴下
	着替え

	登山用具
	登山靴（＋スパッツ）
	ストック
	ザック（＋カバー）
	計画書
	地図
	コンパス
	ナイフ
	ヘッドランプ（＋電池）

	行動用具
	飲み物
	昼食・行動食
	トイレットペーパー
	タオル・手ぬぐい
	折りたたみ傘
	サングラス＊2
	日焼け止めクリーム
	ビニール袋
	医薬品　＊3
	健康保険証コピー
	カメラ
	時計
	携帯電話
	筆記用具

	非常時の備え
	非常食
	ツエルト（簡易テント）かレスキューシート

＊1　防寒具は季節に合わせ、レインウェア、ウィンドブレーカー、防風・透湿性・撥水性の高いアウター、フリース、ダウンウエアを組み合わせる。
＊2　サングラスは季節、天候によっては不要。
＊3　医薬品は次項目を参照。

▶ P.36 水分補給　▶ P.38 行動食　▶ P.132 衣類

山に持って行きたい携行医薬品・医療グッズは

軽量、実用的を目標にする

ポイント

- 効能を考え、必要最低限のものをカバーするようにする
- 容器から出してビニールの小袋に小分けして軽量化をはかる
- 内服薬は使い慣れた薬を持つ

NG

×使った物は補充し、使用期限切れ品は交換するのを忘れてはいけない

【山に持って行きたい携行医薬品】

効能や用途が多く、使い回しができる物を持って行く。なお、ハッカ油は原液を薄めてスプレー型の容器に移してから携行する。

外用薬など

テーピングテープ

- 打撲、ねん挫、骨折、脱臼などの外傷に。
- 伸縮性と非伸縮性の２種類持つ。
- 足首と膝の固定用テープもあるとよい。衣類や靴などの補修や雑用にも使える。

ガーゼ、包帯など

- 傷の手当てに使う。

消毒薬

- 傷口を洗浄した後に使う。

虫刺され用軟膏《なんこう》

- 虫に刺されたときに使う。
- 抗《こう》ヒスタミン剤《ざい》と副腎《ふくじん》皮《ひ》質《しつ》ホルモン軟膏《なんこう》の合剤がよい。

湿布薬

- ケガや筋肉痛に。スティック、シートなど好みで選ぶ。

小型ばんそうこう

- 小さな切り傷、すり傷、出血に。
- 靴ずれ防止にはクッション性と粘着性の高いものを用意。

生理用ナプキン

- ケガによる出血に。携行に便利。清潔で、吸水性がよい。

外傷用軟膏

- ケガに使う。

冷却グッズ

- 発熱時、ケガや筋肉痛に。シートが使いやすい。

防虫薬

- スプレーやクリームなどの形態がある。

防虫以外にも便利なハッカ油・ミント油

　オーガニックなので虫よけ剤として身体に安全に使える。虫よけの他に、腕や首筋にスプレーすると皮膚温が下げられ、消臭効果や肩こりの軽減効果もあり、疲れたときの気付け薬にもなる。

　自分で作る場合は、ハッカ油かミント油１滴（0.5mℓ）を消毒用エタノールに混ぜてとかし、これに精製水を入れて薄める。

▶ P.54 テーピングテープ

内服薬など

＊は医師の処方が必要なもの。ニトログリセリンと抗生物質。

整腸薬

●下痢、軟便、便秘、腹満感に。乳酸菌製剤や正露丸など。

解熱鎮痛薬《げねつちんつうやく》

●ケガや高山病の頭痛などに。

●アスピリンは心筋梗塞の初期症状にも使える。

クエン酸・アミノ酸サプリメント

●筋肉疲労に。足のつりの予防に。

持病薬

●高血圧、心臓病、糖尿病などで持病薬のある人は忘れずに。

風邪薬

●風邪に。眠気のでやすい薬は避ける。

芍薬甘草湯《しゃくやくかんぞうとう》（68番）

●足のつりに。山で最も多く使う薬。

●腹痛や生理痛にも効果がある。

抗生物質＊

●ケガや動物に咬まれた場合などに内服。

ニトログリセリン＊

●冠血管拡張薬《かんけっかんかくちょうやく》で胸痛に。舌下錠、スプレー剤、貼付テープ剤がある。

内服薬は自己責任で

　薬はアレルギーに注意する必要がある。抗生物質に多いが、鎮痛剤などでも起こす危険がある。自分が使い慣れた薬は安全と考えられるので、山中では使い慣れた薬を飲むとよい。しかし、個人の反応はさまざまで、何によってアレルギー反応を起こすか予測できない。人に薬をあげる場合は、その人が普段から使っていない薬をあげることは控えよう。

医療グッズ

腰ベルトと膝サポーター

●腰痛と膝痛の改善と予防に。

ゴムベルト

●足のつりと膝痛に。

アルミ箔レスキューシート

●保温に。保温は病人とケガ人に重要。
●低体温症予防にも使える。

ビニール袋

●ファスナーつきの物は冷却用、汚物入れなどに。
●普通の袋は消毒時の注水などのケガの処置に。

ビニール手袋

●ケガの処置時の感染予防に。

携帯用カイロ

●足のつり、腹痛、腰痛、下痢などに。

折りたたみストック

●膝痛、腰痛予防と骨折時の添え木などに使用できる。

手ぬぐい

●傷口の保護に。

医療グッズは使い回しのできるものを

　山に携行したい医療グッズは少なくない。しかし、軽量化も重要なので、グッズを増やさない工夫も大切だ。山でパーフェクトな医療を目指す必要はない。グッズは必要最低限とし、使い回しのできるものを持つこと。

　たとえば、三角巾より、手ぬぐいの携行をすすめる。手ぬぐいはケガの保護に使えるし、下山後の入浴などにも役立つからだ。また、私はヘッドランプのゴムベルトを腰ベルトに使って窮地を脱したこともある。このように、機転を働かせることも必要だ。

安全に登山するための効果的なトレーニングは

心肺機能と脚力の強化を

ポイント

- 安全に山へ行くための対策としてトレーニングを行う
- 目的は体力の維持・増強と弱点の克服
- 登山を念頭に入れたプログラムを行う
- 強度が弱い運動には、負荷をプラスして強度を上げる

【安全対策としてのトレーニング】

- 体力の維持・増強と弱点の克服が目的。
- 登山のために鍛える必要があるのは、主に心肺機能と脚筋力。
- 登山は登りで心拍数が増加するが、下りではあまり増加しない。
- 登り対策として、心肺機能と脚筋力の強化、下り対策は脚筋力とバランス力の強化がメインになる。
- 下山後に筋肉痛を感じる部位は筋力が不足しているので、とくに鍛える。
- 筋肉や骨になる栄養分を摂る。乳製品は骨増量によい。筋肉の増量にプロテインやアミノ酸サプリメントもよい。
- 太もも前面の筋肉（大腿《だいたい》四頭《しとう》筋《きん》）は登りでよく使う。登りのスピードが落ちてきたら、大腿四頭筋の増強対策をする。

登り対策 → 強化！
・心肺機能
・脚筋力

下り対策 → 強化！
・脚筋力
・バランス力

心肺機能強化のトレーニング目標

- 心拍数は手首の動脈の拍動を15秒間触れて、4倍する。
- マイペースで歩いているときの心拍数は、(220－年齢)×(70～75%)。バテないで長時間歩ける心拍数。
- 登山のためのトレーニングで目指す心拍数は、(220－年齢)×(80～85%)を目標とする。自分で「ややきつい」と思う強さで行うとよい。

マイペース心拍数とトレーニング心拍数の目安

	最高心拍数	マイペース心拍数 ×（0.7～0.75）	トレーニング心拍数 ×（0.8～0.85）
20歳	200	140～150	160～170
30歳	190	133～143	152～162
40歳	180	126～135	144～153
50歳	170	119～128	136～145
60歳	160	112～120	128～136
70歳	150	105～113	120～128

運動時の最高心拍数は「220－年齢」。

脚筋力強化で意識すること

- 筋肉運動の多くは「縮ませる」運動で、短縮性《たんしゅくせい》収縮という。疲労の回復が早い。
- 筋肉を「伸ばす」運動は、伸張《しんちょう》性《せい》収縮といわれ、回復に時間がかかる。
- 登山では下山時に下腿《かたい》の筋肉を伸ばして伸張性収縮を繰り返す。登山後の下腿の筋肉痛は伸張性収縮の回復が遅いため。
- 筋トレでは短縮性筋収縮と伸張性筋収縮の両方を鍛えられる。また、階段の昇降の運動でも鍛えられる。

登りで筋肉を縮ませる運動、下りで筋肉を伸ばす運動になる。

効果的なトレーニングの方法

●無酸素運動（筋トレ）→有酸素運動の順に行うと筋肉増加に効果的。

●筋トレは無酸素運動、他の運動や日常生活での動きは有酸素運動。

●筋トレで筋肉をとくに増やしたい場合は、最大の筋力の 50 ～ 80％の力を使う週２～３日運動を行う。

●負荷をかけ過ぎて痛めないように、自分にできる範囲で行う。

登山に向いている筋トレ

スクワットー脚筋力強化の王様ー

❶肩幅より少し広く足を開き、ゆっくり腰を落とす。

❷椅子に座るイメージで、お尻を後ろに引き、膝をつま先より前に出さない。

❸ゆっくり立ち上がる。腰を伸ばし切らないところで止める。

❹ 5 ～ 10 回できつくなる強さがよい。１日１～２セット、週３～７日行う。

腰の落とし方は、少なければ負荷が軽く、深ければ負荷が大きくなる。

片足立ちーバランスと脚筋力を鍛える簡単な方法ー

❶片足を上げる。立っている足に上げている足が触れないようにする。

❷お腹に力を入れてまっすぐに立つ。

❸左右１分ずつ、１日３回行い、慣れてきたら２分にする。

❹いつでもどこでもできるメリットがある。

上げている足はぶら下げているイメージで力を入れない。楽にできる場合は、目を閉じて行うと効果が大きい。

運動の種類と特徴 ➡ 登山を念頭にした運動

ウォーキング

- 健康維持には効果的だが、登山のためには強度が弱い。
- 登り坂を歩く、早足にする、荷物を背負うなどの負荷をプラスする。
- ランニングマシーンを使う場合には、斜度をつけると効果的。

ランニング

- 強度は強く、短時間で効果があり、心肺機能（持久力）を強くする。
- 筋力の増加効果は大きくない。登山のためには、スクワット、かかとあげ、片足立ちなどをプラスする。
- 膝痛などのスポーツ外傷に注意。

階段昇降

- 日常生活に取り入れられ、伸張性筋収縮のトレーニングになる。
- 短時間の昇降はあまり効果がないが、長時間、標高差の大きな昇降を行うと効果的。

水　泳

- 強度は強く、心肺機能（持久力）を強化する。
- スポーツ外傷を起こしにくく、クロールは膝痛・股関節痛のある人に向いている。
- 筋力増加の効果は大きくなく、上半身の運動が主体なので、バタ足をプラスする。

自転車こぎ

- 平坦な場所を走るだけでは効果的ではなく、登り坂を走ったり、長時間走ったりする。
- マシーンを使う場合は、負荷をかける。

ランニングマシーンを使う運動の一例

斜度を 15 度以上にして 4.5 m / 時間以上の速度で 15 ～ 30 分歩く。慣れてきたら、斜度を上げる、速度を速くする、時間を延ばすなどを行うと効果的。

●著者紹介

野口いづみ（のぐち いづみ）

日本登山医学会理事、日本山岳会理事、日本山岳文化学会常務理事。東京医科歯科大学卒業。鶴見大学麻酔科前准教授。山の医療や安全登山のための講演、執筆なども行っている。高校時代より山岳部に所属。海外はワスカラン（ペルー、6655m）、玉珠峰（中国、6179m）、エルブルース、マッターホルン、モンブラン、キリマンジャロなどに登頂。夏は主に沢登り、冬は山スキーを楽しむ。著書に『山の救急医療ハンドブック』、『実例から学べる！　山の病気とケガ』（山と渓谷社）など。

●写真撮影………………野口いづみ　前川健彦
●カバーデザイン………GRiD(八十島博明)
●本文デザイン&DTP…チャダル108　Studio Porto
●本文イラスト…………越井隆　角愼作
●写真協力………………株式会社ワコール　株式会社 CU
●編集協力………………パケット

012 OUTDOOR

山登り トラブル回避&対処マニュアル

2015年10月21日　発行

著　者　野口いづみ
発行者　佐藤龍夫
発　行　株式会社 大泉書店
住　所　〒162-0805 東京都新宿区矢来町27
電　話　03-3260-4001㈹　FAX　03-3260-4074
振　替　00140-7-1742
印刷・製本　大日本印刷株式会社

URL　http://www.oizumishoten.co.jp/
ISBN 978-4-278-04729-5　C0075　R24